自由文化地球國

曾國民　著

獻給

所有會思考的存在

目錄

自序

百年之後…

自古以來，描述烏托邦的小說可是不勝枚舉啊！

　　幾年前，我也曾寫了一篇小說＜101 密碼＞，外加一首散文長詩＜存在的獨白＞和一篇理論文章＜人以類聚的多元文化新世界＞，合成了一本書《從存在到世界：101 密碼》。該書旨在嚐試用三種不同的文體來殊途同歸地描述我心中的理想世界烏托邦。

其實，這些思想來自我年輕時對東西方哲學的深度探索與體會。後來，因為工作和求學的關係而有機會在一些東西方國家周遊或居住了十餘年。期間，我重新反省審視自己年輕時對人類世界的一些想法，竟然有一種吾道可一以貫之的自信。

於是，在加拿大蒙特婁唸書時，我決定將這些想法寫成　篇 *Development and Cultural Pluralism：Let birds of a feather freely flock together!*

從此，心中有了一個理想世界的原型。

《從存在到世界：101 密碼》一書初步描述了這個烏托邦理想世界，而這本《自由文化地球國》則是試圖找到如何達到那個理想世界的具體方法。

寫小說可以天馬行空，而寫現實社會的具體運作可就不能信口開河了。所幸，自年輕時起，我便是個通識教育的信仰和實踐者，如今開花結果，寫起世間道理，總能文思泉湧、觸類旁通。

這本書，你讀完之後，或者是預見了未來世界的發展，或者觸發了你思想上的靈感，或者激勵了你投身社會改革運動，又或者不過就是享受了一次還算開闊的知性之旅。

也就是說，你因閱讀此書，或者成了先知、思想家、社會改革者、政治家，或者僅僅是一名享受了閱讀之趣的讀者，無論哪一種結果，你似乎都是穩賺不賠的。

一向自我期許要寫就該寫那種讓一百年後的人讀了也還會認為很有意義的書，我希望這本書能不辱使命，達到這個層次。

而如果一百年後，萬一這個依然存在的人類世界真的走向了我書中所描述的世界，嗯，那我就是個預言家。

如果某些人因為受了這本書的啟發或影響而推動了我們的世界走向那樣的世界，嗯，那我就是個蠻偉大的思想家。

如果在寫完此書之後，我挽起袖子，親自很入世地去推動此一理想的實現，那我則成了個社會改革者或政治家。

當然，如果我只是寫寫，甚麼也沒做，這世界也並沒有因此書而產生任何改變，那最起碼，我也還算是又一個理想主義的烏托邦小說作者與理論建構者吧。

百年之後，無論結果是哪一個，對我來說，呵呵，都會心滿意足地含笑九泉的…

曾國民　2016 年 3 月

自由文化地球國

甚麼是最好的制度？

話說，甚麼是最好的制度？中國和世界都還在摸索。

每個人的基因不同，這世界不會有甚麼政治經濟社會制度是可以讓所有人都滿意的。每一個被部分人類認為好的制度，都有它邏輯上的（天生的）必然的惡（necessary evil）。所以，最好的制度就是讓各種制度通通並存，並且，賦予世上每一個人選擇權，准許每一個人可以按照自己的基因，自由選擇最適合自己的地方過活。但，這可能嗎？

　　這兒，便是想探討出某種可以讓此一理想在這個世界上實現的方式。我把這樣的理想世界稱為"自由文化地球國"（Global Republic of Free Culture）。

　　（若讀完本書，便可瞭解，其實，自由文化地球國的"自由"是副詞，"文化"是動詞，也就是，可以自由地成立文化區的地球國。）

升級版中國夢與升級版美國夢

　　如何實現"自由文化地球國"？我認為有兩種方式，或許，以後會有第三種。

　　第一種方式，由中國人來主導完成，我稱它為"升級版的中國夢"，倒不是在吃習大大的豆腐，而是因為，如果他提出的中國夢繼續走下去，並且進一步向上提升，自由文化地球國的理想世界便能實現。

　　第二種方式，由美國人來主導完成，我稱它為"升

15

級版的美國夢"。以當今世界的相對國力而言,這第二種方式,似乎比較可能在我有生之年,見其實現,當然,首先必須是美國人願意聽聽一個黃種人的自由文化地球國的說法,然後反省美國自身建國理想中的根本矛盾,從而改變觀念及政策,將傳統的美國夢提升,實現其真正能引以為傲的本質。

雖然自認是個可以超越種族與地域的"存在",自己畢竟在生物形式上是個華人,難免情感與文化的眷戀,還是真心希望中國人能將中國夢做大,主導世界建立自由文化地球國。

而小小的台灣——我生長的地方,又能做甚麼呢?她夾於可以左右世局的兩個強權大國之間,看似不幸,卻是機運,就看台灣人有沒有足夠的理想與智慧了。

好,就此擲瓶,咱們起航,開始大海星辰...

先來說這第一種方式。

升級版中國夢

中國人不缺務實，缺夢想，而要夢，就夢大一點，既然中國夢的旅程已經啟動，咱們就來做個人類主義的、升級版的中國夢吧。

究竟是個甚麼樣的李白大夢呢？

那就是，由中國與全球華人主導，為人類建立一個自由文化地球國。

夢想的雛形

這個升級版中國夢的雛形大致如下：

1　全人類應該統一組成一個由各種不同文化區組

成之自由文化地球國（Global Republic of Free Culture ）。

2　各種文化區無論大小類別，皆有其存在的意義，人類文化越豐富多元越好。

3　現存各種政經社會發展模式，都是各有利弊，應該多元並存，相互尊重，更應鼓勵創新，並且讓地球上不同天性的每個人可以自由選擇最適合自己的文化區，旅居或定居。

4　每個人都有集眾創立最適合自己的文化區的權利與跨文化區遷徙的自由。

5　各文化區的範圍大小由一個統一的世界政府定期衡量各區的人口消長，統籌協調，重新議定。

6　只有世界政府可以擁有軍事武力，其存在的目的就是維持自由文化地球國的永續和平運作。

7　主張”道並行而不相悖，萬物並育而不相害”，既沒有一神論基因，又很喜歡統一天下的華夏

文明最適合來主導，由和平崛起並提倡互利多贏的
社會主義中國領頭，先經濟，後政治，將世界統一
成這樣一個人類的自由文化地球國。

8　從自由貿易地球國到自由文化地球國，世界各
地將各自發展成為具有本身優勢與特色的產業和文
化區，供世人自由選擇。大小文化區之間的消長，
由彼此和平競爭。

9　從升級版一國兩制的"多制一國"到先行示範
的"中華自由文化國"；從自由貿易區到自由文化
區，最後建立一個"和而不同"的自由文化地球
國，只要中國人願意，這個人類主義的中國夢，將
可以在本世紀逐步實現。

中國夢，要做，就做大一點！

在開始建構自由文化地球國之前，我想先給社會
主義的中國夢加加油。

　　這麼說吧，這個夢，如果只限於激情，只限於民族主義，那很可能不過是人類歷史的另一次重演罷了。

　　因此…

　　如果共產黨變成"信仰公平正義的從政人員培訓團"。

　　如果堅持共產黨一黨專政就是堅持"由信仰公平正義的人來管理政治"。

　　如果這些"信仰公平正義的從政人員"的晉升都經過一層層領導與治理能力的嚴格篩選。

　　如果這個"信仰公平正義的從政人員培訓團"的自我防腐機制被逐步設計得周全而有效。

　　如果中國靈活而自信地結合了共產主義計劃經濟和資本主義市場經濟各自的長處。

　　如果中國能以自身特有的決策效率與規模經濟的

優勢因時制宜地在彼遊戲規則中成為贏家。

如果中國目前的彈性與務實都只是為達到最後的公平正義理想所採取的初級階段過渡手段。

如果這個龐大社會主義企業的 CEO 們並沒有忘記當初為何熱愛高唱那首國際歌。

如果這個便於意志集中與宏觀調控的超級企業在賺了錢之後能照顧好十幾億股東們的生活。

如果這個十幾億人的集體企業最後發展成世上最大的"社會企業"。

喔！可別再來一個唯利是圖的大英帝國或種族歧視的納粹德國。

也別再來一個自大狂妄的軍國日本或自以為是的超強美國。

如果社會主義中國在站起來、富起來、強起來之後，能夠濟弱扶傾，尊重多元文化地實現地球上的公平正義或至少雙贏多贏。

　如果一個統一的中國能率先為這顆星球運作出一個讓人類因不同價值觀而產生的各種政經社會體制可以和平共處、相互提攜的典範。

　那麼，主張天下為公、世界大同的華夏文明必能偉大地復興。

　那麼，華人和其崛起的大國必將與眾不同地真正被世人佩服尊敬。

　如果中國夢最終能少一點"民族"，多一點"人類"；少一點"國家"，多一點"天下"。

　中國夢，要做，就做大一點！

第三個一百年

　中共中央在其十八大中提出了「兩個一百年」，作為社會主義中國夢的具體化奮鬥目標。

第一個一百年：到中國共產黨成立一百年時（2021年），將中國全面建成小康社會。

第二個一百年：到新中國成立一百年時（2049年），將中國建成富強、民主、文明、和諧的社會主義現代化國家。

那麼，按照這本書的說法，或許可以再提出「三個一百年」的升級版中國夢構想。

第三個一百年：到中國開始實施一國兩制一百年時（2097年），主導世界完成一國多制的自由文化地球國的建立。

人以類聚的多元文化新世界

（一個新世界構想的原型）

　　這篇是自由文化地球國的思想基礎，如果你想了解這一整個大夢是怎麼發想的，請耐心讀完本文，才能明白自由文化地球國到底是啥意思。

被 〝達爾文〞 化的世界觀

　　〝發展〞（development）意味著〝成長〞，意味著〝進步〞？

　　是嗎？

　　人類文明的現代化發展有如過了河的卒子，只能拼命向前？單線前進，朝向目標，無法逆轉？

是嗎?

一如許多文化思想研究者,我在此試圖重新找尋對於〝發展〞的另類論述,探討一個對於〝文化〞(culture)的新定義,並從而引申出一個多元文化之世界新秩序的建立。如此,不但每個人皆能成為主體,而且,所有的文化皆具有平等的尊嚴。

藉由重新定義〝文化〞,一個對於〝發展〞的新觀點也因而產生。

依照達爾文版的進化論,美國人類學家LH Morgan(1877)根據進化的階段,發展了一套將不同文化做階層分類的系統。數十年後,這種達爾文進化論式的階層文化觀繼續被發揚光大,世人從此習於在有意無意間依照一套標準把不同的國家按其發展階段,由經濟而政治而社會,階層化的區分為〝未開發國家〞、〝開發中國家〞和〝已開發國家〞,如今,這套觀念依然深深支配著我們的人生觀、社會觀、文化觀、世界觀...

一個對文化的新定義

以價值觀或信仰作為文化的核心，我提出一個對於文化的新定義：＊

文化是基於對各種人性需求的不同重視程度所產生的不同的集體價值觀模型

為此，必須先說明什麼是人性需求。為了解釋人類行為的動機，心理學家Maslow（1970）曾主張世上每一個人都終究想要自我實現，但在自我實現之前，作為一個人的一些更基本的需求必須先獲得滿足。他提出了一個有名的人性需求階層表：（見下頁）

自我實現
〈潛能的盡情發揮〉

美學需求
〈對美與秩序的追求〉

認知需求
〈對世界的探索與理解〉

自尊需求
〈被人承認是有能力的〉

親暱需求
〈愛與被愛〉

安全需求
〈一個安全舒適的居住空間〉

生理需求
〈食物、水、氧氣等的取得〉

如果我們把人類的生物特徵，像是體型、膚色、性別等等，視作是生物的形式，那麼，Maslow的這個「人性需求階層表」基本上便可說是一個尚未被任何文化所〝污染〞的生物人的原始價值模型。

在此階層表上，越低的需求越是必須先被滿足。可是，當一個人在某一文化區呱呱落地後，經由人為的機制和社會化的洗禮過程之後，這個「人性需求階層表」中的優先順序便被逐漸地改變了。也就是說，這個生物人的原始價值模型會遭受某一特定價值模型的強力扭曲，這種特定價值模型就是我們所說的「文化」。

這和中國人所謂〝人文化成〞的說法很像，只不過，〝人文化成〞的說法在儒家主導的價值模型中，具有非常正面的意義。

不同的文化，亦即不同的價值模型，反映的是對幾項基本人性需求看重程度的相對差異。

比如說，中國文化特別在意自尊，通俗的說法是〝愛面子〞，於是，自尊需求在中國文化的價值模型中，變得非常基本，也就是說，在其人性需求階層表上，自尊需求位在更底層、更須優先滿足的位置。因此，受中國文化影響越深（或說，被"扭曲"得越嚴重）的人，會越傾向不惜以犧牲其它的人性基本需求為代價來滿足自尊需求。

又比如說，在某些文化的價值模型裡，相當重視「認知」這種需求，以致於受該文化影響（或"扭曲"）的人，會樂意以犧牲其它基本需求為代價來探索自然世界，滿足認知需求。

事實上，我們可以設計出一種關於看法和態度的問卷，以便調查分析在每一文化區中的人對於幾項基本人性需求的相對看重程度。

經過對於態度的量化分析之後，我們可以找出某一文化特有的基本人性需求優先順序排行及個別需求被看重程度的量化統計，再以圖表的方式畫出該文化的"價值模型"。我們可以用這種方法替每一個文化畫出其價值模型，而每一個價值模型就代表了一個文化。

　如果把相似的價值模型歸類為一群組，那麼，當今的世界大概會出現幾個主要的文化群，像是英美文化群、東亞文化群、伊斯蘭文化群...

　按照對於基本人性需求細分的程度〈Maslow的表當然可以再細分〉及態度量化的精緻度，整個世界將可區別出數百、數千，甚至數萬個不同的文化價值模型。

　世上所有可能的價值模型，就像光譜裡的各種顏色一樣，理論上是平等的，不同的人會很自然的傾向偏好某一顏色。

　想想看，如果世上那些喜歡某種顏色的人，對那些喜歡另一種顏色的人做出倫理或道德上的評判和論斷，是不是一件很可笑的事？不幸的是，自有人類歷史以來，這樣可笑的事一直在發生，而且你我都樂此不疲。

　各種價值模型就像各種顏色一樣，都是平等的。一旦接受了這樣的概念後，傾向崇尚社會正義的社會主義價值模型的人們和傾向崇尚自由競爭的資本主義價值模型的人們，彼此間才有互相包容尊重的可能。同樣的，各宗教的不同激進教派間，恐怕也才有和平相處的一日。

由於價值觀在本質上就容易從一種傾向和偏好演變成對人、事、物做出高下或好壞的判斷，因此，要徹底消除不同價值模型間（小即不同文化間）的衝突對立，是非常困難的。

不過，當我們說某某文化區時，並不表示實際居住在該區內的人都必然傾向或接受該文化的價值模型。

如果文化作為價值模型可以完全統一區內所有居民的價值信仰的話，何以在同一文化區內，價值衝突的事依然層出不窮？

實際的情況是，某些住在社會主義制度區中的人真正偏好的卻是資本主義的價值模型，而某些住在資本主義制度區中的人真正偏好的則是社會主義的價值模型。我們也經常發現，某些在中國文化區長大的人非常崇拜美國文化，而某些在美國文化區長

大的人卻一心嚮往東方文化，可見，文化並非決定
一個人內在價值觀的唯一因素。為此，我們需要做
一些較哲學性的探討。

文化價值模型的哲學架構

人們外在的行為源自於內在的驅力，這些驅力則
起於他們生理或心理的需求，有些生理需求與心理
需求互相交織，有些心理需求則純粹根基於心理的
範疇，其中一部分可由意識型態來解釋。

一個人的意識型態反映在他個人內在的價值模
型，這一價值模型顯示出其對幾項基本人性需求的
相對重視程度。而一個人的內在價值模型則是由幾
種〝形式〞所共同建立起來的，包括生物形式、文
化形式、社會形式，以及經常被忽略的〝個體先天
形式〞。

簡單的說，每一個個人出現於世上的過程應該是：

個體先天形式Individual transcendental form

-> 生物形式 Biological form

-> 文化形式 Cultural form

-> 社會形式 Social form

-> 個人 Individual human being

每當一個人在其生命中遭遇新的經驗時，這幾種不同的形式便會相互作用，個人內心因而產生一陣掙扎，個人的內在價值模型便是每一次掙扎後的結果。

沒有一種形式能單獨決定一個人的內在價值模型，因此，即使是同性別、同種族、同階級，或同住一文化區內的人都會有彼此不同的內在價值模型，更何況每個人所遭遇的生命經驗又一直在變，就算是同一個人的內在價值模型也會隨時間而改變。

文化是一種集體的價值模型，它是模塑個人內在價值模型的重要因素，卻非唯一因素，這就難怪在同一文化區內照樣存在著價值衝突。

每一個人都是獨特而平等的 〝存在〞

當生物的形式被加在一個〝存在〞上時，這個存在便被拋入（或者說〝出生〞）在物質世界了。之後，一個人在其社會化的過程中，文化形式和社會形式又進一步強加在他身上，不過，這些都無法去除一個人原有的個體先天形式，而那才是各個存在的真正原型。

這樣的思想架構能讓地球上的每一個人，即使站在原地，仍可以同樣自豪而大聲的宣示：

我是一個〝存在〞，只不過此時正以出生於某處的某種膚色、某一性別的人類的形式呈現！

近代西方的社會和政治革命奠基於一個重要的理

想陳述：〝人類皆生而平等！〞然而，事實上，由於價值觀的作怪，這句話很難被任何一個已被各種形式強加於身的具體個人所真心接受。

在概念上比較可以被接受的陳述應該是：

暫時被幾種不同但卻平等的形式所附身，我們每一個人都是獨特而平等的〝存在〞！

恐怕唯有這樣的理念架構才真正能解構那些植根於各種價值模型的種族主義、性別主義、階級主義等等的迷思，並進而減緩甚至根除當今世界的各種文化衝突。

我們每個人原有的個體先天形式都或多或少的被強加附身的其它形式所扭曲變形，但它只是變形，從未消逝。這就是為什麼即使後天的各種形式之間能達到和諧，一個人還是擺脫不掉其個體先天形式與這些後天形式間內在的矛盾衝突。

就讓人以類聚

根據我們這種理念架構，任何一種價值模型，比如說共產主義、資本主義、回教文化、基督教文化、各種原住民文化等等的價值模型，便沒有所謂的好或壞、高或低。

真正糟糕的是，去強迫那些其個體先天形式與其居住的文化形式有著劇烈衝突的個人痛苦的居住在該文化區內。

造成當今世界各種嚴重問題的禍首之一便是所謂「一國一制」的設計，並且，藉由國界和政治力量來限制個人的國際遷徙自由。

因此，人類社會價值衝突的根本解決之道應該是，讓每一個人在其成長過程中，有機會自覺和意識到他原有的個體先天形式究竟為何，並且，當他長大之後，可以選擇其文化形式最適合自己個體先天形式的文化區去居住。

由於實際政治運作的需要，像是憲法和法律的制定，使得在一個國家內會無可避免的形成某一如馬克思所言的「統治的意識型態」（ruling ideology），特別是在今天這樣一個被大眾媒體所控制的世界。

如果一個人的內在價值模型與他所居住的文化區的文化價值模型格格不入，那麼，個人與社會之間的價值衝突便必然會自覺或不自覺的產生。

於是，在同一社會中，那些與統治意識型態不合而彼此的內在價值模型又類似的人便會湊在一塊，惺惺相惜，自我保護，甚而一起試圖推翻統治的意識型態，於是形成社會運動或革命。

如果革命成功，革命者的價值模型便成了新的統治意識型態，也就是說，原先的壓迫者轉而成為新的統治意識型態的受害者，而原先的受害者轉而成為新的壓迫者，如此這般，在現行的國家體制下，無論在任何一國之內，永遠都會有與統治意識型態衝突的受迫害者。

而在以選舉取代革命來決定統治者的「民主政治」

裡，所謂政黨輪替，也不過就是壓迫者與受迫者的
輪替。更何況，由於統治權力、選舉制度和選舉技
術的精緻運用，「民主政治」裡所謂價值觀的多數
決或多數統治少數的原則，在現實運作中，竟經常
是適得其反。

如果有些鴨子發現自己恰好出生在雞的國度，那
麼，牠們應該老是在那兒抱怨，並且試圖把雞的國
度轉變成鴨的國度呢？還是，牠們應該甘脆去找到
並遷往鴨的國度？或者，如果鴨數夠多的話，牠們
應該自行成立一個屬於自己的社區？

實際上，眼前的世界體制並不鼓勵在出生之後便
被各種形式強加於身的個人去發掘自己原有的個體
先天形式。而就算某些人真的意識到了自己原有的
個體先天形式，他們之中的大多數人也沒有太多的
跨國遷徙自由以選擇最適合自己的文化區居住，這
就導致了個人與社會以及社會中不同群體之間永不
停止的價值衝突。

以國家來劃分統治區域的現行體制，是在強迫具
有不同內在價值模型的人們一起住在一國的國界之

內，結果，無論一國的統治者是誰，或統治的意識形態為何，總是會存在著一群價值衝突下的受迫害者。

尤有甚者，某些文化區的人老想以他們價值模型下的進化觀或發展觀為標準來試圖統一全世界的價值模型。

可以說，像現行這樣反存在的體制（anti-Being system）才應叫做未開發的世界體制（the under-developed world system），而這樣一個讓種族主義、性別主義以及各種集體衝突和屠殺持續存在的世界才真該叫做未開發世界（under-developed world）！

從多元文化世界的理論來看，世上所有的文化價值模型都是平等的，當然，不論由其價值模型所造成的實際經濟生活情況為何，所有的文化區也都是平等的，所以，根本不存在什麼〝未開發國家〞（落後國家）和〝已開發國家〞（先進國家）。

比如說，如果居住在伊斯蘭教世界的人們很滿足於他們的生活方式，也就是說，人們個人的內在價值模型與他們的文化價值模型大致相合，並不想被別人〝開發〞的話，我們為何只是根據某些文化價值模型下所偏好的生活模式便硬要給他們貼上〝待開發〞的標籤？這種霸道不正是當前許多國際衝突的根源嗎？

簡單來說，在本文所建立的理念架構下，並沒有所謂的〝未開發〞和〝已開發〞國家或地區，如果一定要分，那便只有一個〝未開發〞或〝已開發〞的人類世界，就看這個世界是否達到下列階段：

一、是否世上所有人類都有平等的機會來發現他們個人的個體先天形式為何？

二、是否世上所有人類都有平等的跨文化區的遷徙自由？

三、是否多元文化價值模型並存的觀念已被世人普遍接受，即使彼此價值觀不合，不同文化區的人也能互不侵犯，相互尊重？

顯然，在當今世界，以上三項沒有一項實現。個人與社會、群體與群體、國家與國家以及文化與文化之間的衝突依舊嚴重。

且看新世紀才一開始就發生的九一一攻擊事件以及之後美國的說法和作為，我們不正生活在一個〝未開發世界〞中嗎？

為了要促成一個多元文化價值模型和平並存的世界早日建立，或許可從下列步驟著手，來為一個新的世界運作體制催生。

文化區和新世界的運作體制

我們或可依照下列步驟來逐步建立新世界的運作體制和文化秩序：

步驟一：在所有國家提倡多元文化政策

目前的世界體系是以國家為基礎，可是，如上所論，一個國家基本上是由被〝拋入〞該國並被各種形式強加於身的眾多〝存在〞所組成。儘管一個國家必然出現某一主宰的文化價值模型，但多元文化政策還是應該被提倡實施，好讓那些發現自己的內在價值模型與該國主宰的文化價值模型格格不入的人，能在其國內有一些不同的價值模型文化區可供居住之選擇。

（事實上，多元文化政策已經在許多國家以不同的方式不同程度地實施中。）

步驟二：鼓勵一國多制

一旦那些個人內在價值模型接近的人可以在一國之內自由選擇居住在一起之後，各國皆應提倡一國多制。讓「國家」不過是一個區域內象徵性的共同頭銜，在其境內，個人內在價值模型接近的人可以自由結合並建立他們自己的文化區，以其價值模型所偏好的社會制度和生活方式來自行運作。

在現行世界的國家與國際體制尚未被打破前，「一國多制」將是實現多元文化世界的過渡階段。

（為了國家統一的需要，類似的構想也已經在中國被提出並且實驗性地實施中，那就是所謂的"一國兩制"。至於如何將此創意進一步延伸發揮成"一國多制"或"多制一國"，以和平處理中國統一的問題，並同時為人類世界先行示範"自由文化國"的具體運作方式，有另文討論。）

步驟三：以文化區取代國家

最後，要真正實現多元文化和平並存的人類世界，還是得終結現行反自然、反存在的國家與國際體制，代之以不同的文化區。

現行的國界必須去除，每一個人都可以自由遷移到任何文化區去居住。這些文化區可能包括：純資本主義文化區、純共產主義文化區、基督教某某教派文化區、伊斯蘭教某某教派文化區、甚至男同性戀文化區、女同性戀文化區...

當然，這樣由文化區為單位所構成的世界仍然需要一個跨區的政府組織來負責實際的運作。在此新世界中，任何達到一定數目（比如說10000）的志同道合者想要聚居在一起，成立一個屬於他們自己的新的文化區，都可以向世界政府提出申請。

每年，由世界政府根據各文化區最新的人口總數來決定各區土地與自然資源等基本生存所需物資的調配。由於各區的人口每年都會改變，因此，每一區的土地面積可能每年都在擴大或縮小。人們的移入移出均會改變一個區的人口數目。如此一來，一個文化區每年在世界上的受歡迎程度便成了它所能從世界政府那兒獲得分配之土地大小的重要決定因素。因此，每年，某些文化區會擴大，某些會縮小，某些可能關閉，某些則可能新成立。文化區之間的界線是不固定的，是彈性而可以改變的。

也就是說，如果把人們視為價值模型市場的消費者，那麼，一個文化區的大小和存廢是由世上個人內在價值模型的〝消費市場〞來決定，而非如現今世界之由戰爭、武力或各種政治運作來決定各個國家的土地大小。喜歡而願意居住的人越多的文化區就越大，反之則越小。

那時，〝美利堅文化區〞可能越來越大，也可能越來越小，〝伊斯蘭教文化區〞可能越來越大，也可能越來越小...

在新世界裡，每一文化區設立的意義，是在創造並維持一個依照其獨特的文化價值模型來運作的個特有的社會，並在價值模型的市場中，提供世人選擇。

若不能生得其所也能活得其所

無論實行何種教育制度，所有的文化區皆須實施一種引導年輕人發現自我的教育課程。此一課程的目的是為了幫助每一個人逐步認清自己的個體先天形式究竟為何。雖然，人們對於自己在哪兒降臨世間依然別無選擇，但在新世界裡，卻可以透過發現自我的教育課程來明白自己的個體先天形式為何，並在長大成人之後，擁有平等的機會去選擇最適合自己〝天性〞的文化區居住。

當然，人們也有權依照自己的喜好一再遷居。

在這樣的世界體系裡，個人與社會間的價值衝突將會降到最低。任何人或群體若感到被社會集體價值模型所壓迫的話，都可選擇搬到自己真正喜歡的文化區去住，因此，所謂社會運動或革命的需要自然也將大大降低。

由於各文化區的大小主要是由其受世人歡迎的程度來決定，並非一成不變的，因而，儘管文化價值模型間的衝突可能無法完全消除，但各區之間因為土地、資源而引起的戰爭衝突將可避免。

某些文化價值模型可能在本質上就具有擴張性，不過，在新的世界體系裡，他們可以藉著吸引更多世人搬到他們的文化區去住，以便向世界政府要求更多的土地，達到擴張的目的。如此，既避免了侵略戰爭，又因為沒有傳統的固定的國界，自然也就沒有所謂〝國防〞或〝區防〞之必要了。當然，為了維持這個新世界的永續和平運作，世界政府仍然必須擁有必要的軍事武力。

　至於世界政府的形成，可由各文化區所推派的代表所組成，它必須負責世界土地與自然資源的分配、世界共同語和自我發現教育課程的實施、跨文化區之間人人負擔得起的低價交通網的建構及自由而平衡的信息流通。

　在現有的國界被去除之後，我們也可以將這個新世界視為是一個地球國，並且共同來為其制定嶄新的"自由文化地球國憲法"。與傳統國家的憲法不同的是，這部憲法將沒有特定的文化價值觀，勉強要說它也有的話，那麼它唯一的價值觀就是：所有的文化價值觀一律平等。

媒體與文化認同

　在建構及維繫多元文化和平共存新世界的過程中，大眾媒體將扮演重要的角色。

　在新的世界裡，所謂〝文化認同〞指的是，人們對他們所偏好之文化的認同，而非對其出生地文化的認同。

在這種文化認同中，媒體將扮演極重要的角色。由於新世界是由不同的文化價值模型來劃分，在同一文化區內，志同道合的居民間，恐怕很難聽到不同價值觀的看法，因此，傳播多元聲音的管道便須依賴自我發現的教育課程、跨區的訪客、通訊以及媒體。

新世界的媒體必須提供兩種重要的服務，一是提供必要的信息好讓人們了解新世界體系的實際運作現況，另一則是，積極的促成不同文化區居民間相互的了解與溝通。

住在不同文化區的人們必須擁有平等的機會可以了解其他文化區不同的價值模型和生活型態，這對於幫助他們進行文化認同是極必要的。透過媒體，讓人們在一定的了解了其他文化之後，做出遷居的選擇，或者，如果他們決定留在自己原來的文化區，透過媒體，也可以見怪不怪的學會懂得尊重其他的文化。

　　人類間相互的理解和尊重是多元文化和平共存新世界的形成基礎，自由而平等的信息流通則是產生這種理解和尊重的關鍵。如果閱聽人被其他文化區的媒體內容所〝同化〞，他可以自由決定遷居到他新認同的文化區，這便不再有什麼〝文化帝國主義〞或〝文化殖民地〞的問題了。

一個真正的〝已開發〞世界

　　以上，我們重新審視了發展（development）和文化（culture）的概念，以一個〝存在〞的哲學架構，我把〝文化〞定義為可被測量和表列的集體價值模型，它是個別〝存在〞被拋入世間某處後，幾個強加其上的〝形式〞之一。如果能這樣來看人類，那麼，對於任何個體的種族、性別等等的歧視就變得毫無意義了。

　　每一個人類都應有平等的機會去發現自己原有的個體先天形式究竟為何，並透過媒體來了解世上各種現存的文化和文化區，以便擇一而居，或者呼朋

引伴，創造新的文化區。在此一架構下，一個新的
世界體系或可一步步建立。

　　在新世界裡，內在價值模型類似的志同道合者可
以自由的〝人以類聚〞。傳統世界裡各種因價值矛
盾而引起的個人或集體之間的憤怨與衝突可望降到
最低，每個人也都會比較容易達到自我實現的人生
最佳狀態。這樣一個多元文化相互尊重、和平並存
的世界才真正有資格被稱為是個〝已開發〞世界。

自由文化地球國憲法總綱

好了，理論說了一堆，如何落實呢？這樣的世界有可能出現嗎？自由文化地球國要怎麼具體運作？為何又如何能由中國帶頭來建構呢？咱們繼續航行。

既然生了孩子，當然就得負責到底。以下是我初擬的自由文化地球國憲法總綱，雖然參考了一些現成的例子，畢竟這樣的全球國從未出現過，只能憑個人有限的知識來想像，歡迎有識之士加以糾正、補漏。

自由文化地球國憲法總綱（參考條文第一版）

總綱

第1條

自由文化地球國是根據＜人以類聚的多元文化新世界＞的理論思想，在一國一制的傳統區域性國家制度消除之後，由地球上各文化區所組成的一個人類共同的國家。

第2條

自由文化地球國公民有依法和平成立、解散、縮小、擴張和自行管理文化區的權利和自由。

各文化區無論大小，一律平等，相互尊重包容。

第3條

自由文化地球國實行一國多制，即各文化區可依照其成立的宗旨，以自己偏好的價值觀或意識形態選擇已有的或創立獨特的政治經濟社會制度和生活方式，在其區內實施。

第4條

自由文化地球國國會授權各文化區依照本法的規定實行高度自治，享有行政管理權、立法權、獨立的司法權和終審權。

第5條

全球人民有跨文化區遷徙、定居及工作的自由。

在各文化區定居的人數由自由文化地球國中央政府（以下簡稱世界政府）主管部門定期統計，作為重劃各文化區界線、增減文化區面積及資源的依據。

第6條

自由文化地球國的國會由各文化區選舉或推派一定名額的代表產生。

自由文化地球國的中央行政機關、司法機關都由國會產生，對它負責，受它監督。

世界政府存在之目的為維持自由文化地球國的永續和平運作。

第7條

世界政府須負責規劃並提供所有人民（一）共同官方語言（世界語）、發現自我、認識多元文化價值觀與自由文化地球國憲法及法律的基本公民教育課程（二）全球多元文化區發展現況的基本訊息傳播（三）成年後每人一生至少兩次的跨文化區旅行或遷徙所需之基本交通費用。

第8條

各文化區的行政機關和立法機關由區內永久性居民依照區內自定義的有關規定組成。

第9條

各文化區依法保障區內居民和其他人的基本權利和自由，此基本權利和自由不得低於自由文化地球國國會依據本憲法之精神所訂的基本標準。

第10條

各文化區可自行選擇所有制及分配制，但境內的公有土地和自然資源屬於文化區所有，由各文化區行政機關負責管理、使用、支配。當世界政府定期按定居人口數調整各文化區面積時，文化區不得有異議。若劃出之土地為私人所有者，則由世界政府依法按該區的時價徵收。

第11條

各文化區每年須貢獻全年財政收入的一部分給世界政府，作為維持世界政府各機構運作之經費。所須貢獻之比例由地球國的國會決定。

第12條

除世界語為全球的官方語言外，各文化區都有使用和發展自己的語言文字的自由。

第13條

各文化區立法機關制定的任何法律，均不得同本法相抵觸。

第14條

世界政府負責管理跨文化區的共同事務，並得在各文化區設立機構處理與其相關的事務。

第15條

世界政府為維繫地球國的秩序與和平，依法設立並負責管理全球的軍事單位。

各文化區政府負責維持自己區內的社會治安，但不得擁有軍事武力。

世界政府派駐各地的軍隊不得干預文化區內的事

務。各文化區政府在必要時，可向中央政府請求駐軍協助維持社會治安和救助災害。

駐軍人員除須遵守地球國全國性的法律外，還須遵守各文化區的法律。

駐軍費用由世界政府負擔。

第16條

世界政府不得干涉各文化區行政首長和行政機關各級官員之產生。

第17條

各文化區的立法機關制定的法律須向地球國國會備案。備案不影響該法律的生效。

地球國國會如認為文化區立法機關制定的任何法律不符合本法關於中央管理的事務及中央和文化區的關係的條款，可將有關法律發回，但不作修改。經國會發回的法律立即失效。該法律的失效，除文化區的法律另有規定外，無溯及力。

第18條

在各文化區實行的法律為本法以及各文化區立法機關制定的法律。

凡列於本法附件之法律，由各文化區在當地公佈或立法實施。

地球國國會可對列於本法附件的法律作出增減，任何列入附件的法律，限於有關軍事、跨區和其他按本法規定不屬於各文化區自治範圍的法律。

地球國國會因各文化區內發生區政府不能控制的動亂而依法決定該文化區進入緊急狀態，世界政府可發布緊急命令在該文化區內實施。

第19條

各文化區法院對軍事、跨區等全國行為無管轄權。文化區法院在審理案件中遇有涉及軍事、跨區等全國行為的事實問題，應取得行政首長就該等問題發出的證明文件，上述文件對法院有約束力。行政首長在發出證明文件前，須取得世界政府的證明書。

第20條

根據自由文化地球國國會確定的名額，由各文化區居民自定義辦法選舉或推派該區的國會議員代表，參加全國最高權力機關的工作。

第21條

世界政府各部門在文化區設立機構時，須徵得文化區政府同意。

世界政府各部門在各文化區設立的一切機構及其人員均須遵守該文化區的法律。

文化區可在世界政府所在地設立辦事機構。

第22條

　　世界政府所在地初期設在主導成立自由文化地球國的原國家首都所在地，之後，再由自由文化地球國國會決定。

　　各文化區除懸掛自由文化地球國國旗和國徽外，還可使用文化區自定義的區旗和區徽。

熱情導向型的經濟模型

　　按照自由文化地球國憲法總綱的構想，人們可以
依自己的價值觀成立文化區，各文化區可自由採行
現存的或新創的、實驗性的政治經濟社會制度，當
然包括所有制及分配制。

　　每個不同的文化區會依其價值觀來設計其認為最
為合理的財富重分配機制，在自由文化地球國的世
界裡，由於個體有遷居的自由，因此可以自行選擇
自己較能接受的貧富差距程度的社會來居住。

　　那麼，我心中理想的文化區社經體制會是甚麼模
樣呢？

　　在說明我心中理想的文化區社經體制之前，先來

說說歐洲正在興起的一種"無條件基本收入"的構想。

緣起：無條件基本收入的構想

無條件基本收入（Unconditional Basic Income），簡稱 UBI，是發給全體人民定期定額足以滿足基本生活之金錢，且無任何條件與資格限制，也不要求相對回報，不論富有或貧窮，不論嬰兒或老人。

舉例來說，台灣曾經一度發放過的消費券，如果變成定期而且持續性地發放給全體國民，無分男女老幼，無資格限制，那麼，就是一種類似的無條件基本收入了。

無條件基本收入是一種無條件被保障的收入，它有四個標準：

一、確保生存，允許人們無後顧之憂地參與社會。
二、提供個人權益保障。

三、無須任何條件即可獲得。
四、無對應的工作勞務付出（但仍然可以自行就業，以賺取額外的收入）。

採行無條件基本收入不必然需要增加新的財源，只要取得社會一定程度的共識（這就是價值觀的問題了），便可用各種方法重新分配一個社會現有的財源，漸進而逐步地達到無條件基本收入的理想。

贊成這種想法的人認為，這樣可以幫助人們從勞動中解放，不再需要與基本生活對抗，從而去從事真正想做的事，使人類社會更進一步地進化發展。他們認為，在科技發達、機器人與自動化生產服務日漸普及的今日，其實已經不再需要如此多的工作人口，也照樣能供應人們足夠的生活所需，如此的做法，還可以平衡資源分配，改善社會的貧富差距。無條件基本收入能確定並保障個人的最大自由，給予個人選擇的能力。

反對這種想法的人則認為，有了基本的生活保障，會讓人們失去工作的動力，導致生產力降低，從而使整個經濟衰退，也自然地衝擊了"天下沒有白吃的午餐"等既有的傳統經濟社會觀念。他們也質疑，根本不可能有足以負擔此種做法的財政來源。

其實，這個主意來自中世紀。《烏托邦》的作者，英國社會哲學家、人文主義者湯馬士‧摩爾（Tomas Moru）認為，勤勞、追求教育與理性化的平等原則是民主的基本特質。二十世紀，法國社會哲學家安德列‧高茲（Andre Gorz）是固定收入的堅定擁護者。

無條件收入的想法確實曾經被一些國家臨時性而有限程度地引進過，例如巴西、古巴、蒙古和納米比亞，歐盟和部分歐洲國家也都不同程度地嘗試過。2016 年，瑞士甚至為了要不要在全國普遍實施無條件基本收入而舉辦公投，有人因此稱瑞士是世上唯一敢將烏托邦拿來公投的國家。另據報導，芬蘭和荷蘭對於全面實施，也都躍躍欲試。

總的來說，無條件基本收入仍然是一個還沒有被長期實行過的政策，學術界也沒有足夠可量化的資料能表明它會對整個社會產生什麼深遠影響或具體結果。

恢復每一個個人的主體性與人生選擇權本就是這本書所提倡之＜人以類聚的多元文化新世界＞的理論主旨。身為自由文化地球國的構想人，對於無條件基本收入這樣有可能確定並保障個人的最大自由並給予個人選擇能力的社會經濟構想，自然會眼睛為之一亮。

我個人認為，無條件基本收入是一個結合了資本主義和社會主義各自優點的很好的制度構想，或者也可以說，它是北歐和加拿大之類福利國家的一種最極致的表現，只可惜，到目前為止，只有在幾個國家曇花一現了一下，因此，還沒有人確知這種構想的實際可行性與施行的後果。

市場導向型與目標導向型經濟

由無條件基本收入的構想進一步延伸，取其核心價值，避其主要問題，我倒是又設想出了另一種可能的社會經濟型態，姑且稱為"熱情導向型經濟"（Passion-based Economy Model），算是我個人心中理想文化區的一種社會經濟型態。

我們或許可將人類目前的經濟型態粗分為兩種：市場導向型經濟（Market-based Economy Model）與目標導向型經濟（Goal-based Economy Model）

市場導向型經濟（Market-based Economy Model）

這種經濟模型是以市場決定產業結構，人們工作的動力來自維持生存或滿足某些假性需求（基本生存以外的、可以被塑造出來的需求，如：成功感、奢華感、時尚感、流行感…）。市場導向型經濟除了要讓人類從物質匱乏中解放出來，也期望達到一個各盡所能、各取所值的社會，所以，貧富不均正是它的手段。在此經濟模型裡，私部門的工作職缺是由市場的需求而非求職者的意願來決定，因此，一個社會的勞動人口是被硬填入這些由市場需求所產生的職缺結構，導致許多人為了在競爭激烈的求職市場中謀得一份足以養家活口的工作，或是為了滿足某些被（資本家）刻意製造出來的假性需求而去屈就或追求某些工作，以致犧牲了個人真正的才能、興趣或人生理想。在此種經濟型態的社會裡，人活著是為了工作，而工作則是為了滿足個人生存或假性的需求。

市場導向型經濟雖然能以強大的工作誘因和利潤誘因鼓舞個人的積極性與提高生產要素的運用效率，而使得社會整體的生產力獲得有效提升，但也導致了人類因淪為生產工具而喪失本身的主體性、社會貧富差距過大、生產過剩時所造成的人為浪費及自然資源被掠奪、生態環境遭破壞等等問題的產生。

從收入的觀點而言，在市場導向型經濟裡，人必須工作，而且必須是從事對市場需求有貢獻的工作，才會有收入，對市場需求貢獻越大，收入越高。

因而，資本家與其互利共生者總說：「喔，全世界的工人，拼命工作吧！」（Oh, workers of the world...go work!）

目標導向型經濟（Goal-based Economy Model）

這種經濟模型是以計畫好的目標來決定產業結

構，也可稱為計畫型經濟。人們工作的動力來自維持生存及追求大我的集體目標，它除了要讓人類從勞動中解放出來，也期望達到一個各盡所能、各取所需的社會。其中，最典型的範例便是共產主義計畫型經濟。在此經濟模型裡，一切職缺由公部門事先擬定的經濟生產目標所產生的各行業工作需求來決定。此種經濟型態雖然可以保障人們的就業並解決貧富不均的問題，卻容易導致為了成就大我集體僵硬的目標而犧牲了小我的個性與積極性，導致個體創意與整體生產力的不易提升。在此種經濟型態的社會裡，人活著必須勞動工作，而勞動工作則是為了滿足個人生存與集體的需求。

　　從收入的觀點而言，在目標導向型經濟裡，人必須工作，而且必須從事對社會集體目標有貢獻的工作，但無論你的貢獻大小，收入都一樣。

　　馬克思這麼說：「全世界的工人，放鬆吧！」（Workers of the world...relax!）

熱情導向型經濟的基本概念

在此,我提出第三種經濟型態。

熱情導向型經濟(Passion-based Economy Model)

這種經濟模型是以該社會大我的文化價值觀及小我的職業熱情與人生理想來決定產業結構,人們工作的動力除了來自維持生存,更重要的是,完成個人的自我實現,它除了要讓人類從自己沒有熱情的勞動中解放出來,也期望達到一個各盡所能、各成其生(各自成就其人生)的社會。在此種經濟型態的社會裡,人活著必須工作,但工作是為了滿足個人生存需求與自我實現。

此一經濟型態不但綜合了上述市場導向型與目標導向型兩種經濟模型的主要優點,也避免了其所衍生的主要缺點,不但能提高社會整體的生產力,而且不會犧牲人們的個性、人生自主性與存在的主體性。

從收入的觀點而言，無條件基本收入的構想是，人不必工作，也可以得到維持生存所需的基本收入，但仍然可以自行就業，以賺取額外的收入，而在熱情導向型經濟裡，人還是必須工作，但是只要從事自己喜歡的工作，就可以得到維持生存所需的基本收入，若你從事的工作越是你比較不喜歡的，你的收入會越高，以資彌補。

所以，我要說：「喔，全世界的工人，享受工作吧！」（Oh, workers of the world...enjoy your work!）

以下就初步說明一下我所謂熱情導向型經濟的基本概念與運作方式。

我們都知道，這世上有些工作是我們並不想做，但為了某種理由，不得不做；有些工作則是我們非常想做，甚至就算得自己出錢、花時間，我們也樂意去做，並且甘之如飴。如果我們根據人們熱情參與的意願程度來將世上的工作分類，再將工資依此分類來分級，或可分成以下幾大類：

工作分類與工資分級的掛鉤

極熱愛的工作－ 就算沒有報酬，甚至還得自己花錢、花時間仍然願意去做的工作（從事者可領基本工資，即第一級工資）

非常喜歡的工作－ 雖然沒有報酬，也願意去做的工作（從事者可領第二級工資，略高於第一級基本工資）

喜歡的工作－ 可以只領一點點報酬，便願意去做的工作（從事者可領第三級工資，略高於第二級工資）

不那麼喜歡的工作－ 必須有令自己還算滿意的報酬，才願意去做的工作（從事者可領第四級工資，略高於第三級工資）

不喜歡的工作－ 必須領非常高的報酬，才願意去做的工作（從事者可領第五級工資，略高於第四級工資）

絕不考慮的工作－ 就算有再高的報酬也不會願

意去做而必須由法律強制規定才會有人做的工作
（視個別情況決定從事者的工資）

　將工作按熱情程度分類，收入則與工作的熱情程
度成反向的分級。熱情導向型經濟便是以這個基本
概念建立起來的，其初步的運作構想如下。

熱情導向型經濟的運作方式

　一　國家（或未來的文化區）根據其文化價值觀
先大致設定出自己的產業結構及生產目標，再進而
依此列出所有產業的各類工作職缺的必須基本數。
這些工作職缺只區別產業和職務的分類，並不區分
該職務的階級職等。比如，教育類的大學教師職、
資訊產業類的管理職、娛樂類的音樂製作職…（各
行業的內部升遷機制由各行業自行制定）。同時，在
這個產業職務工作總表上，須註明每一工作職缺所
需的基本條件（比如，教育類的大學教師職必須至
少具備某種學歷等等）。

二　政治類職務不列入產業職務工作總表，而是由該國家（或文化區）根據自己的價值觀另行採取或設計一套挑選任用的機制（比如，可採取考試制度、公務人員培訓班制度、各種選舉、推舉或選拔制度…）。

三　一國（或文化區）之內，所有具工作能力的人，皆依政府所列出的產業工作職務總表，按個人本身對各類職務工作的熱情程度填寫，列出自己的工作志願序（比如，填表者至少列出十個以上對之有熱情的職務工作）。

四　政府根據所有人民所填的職務工作志願序的統計結果，配合人民對各類職務工作的熱情傾向差異來調整整體的產業結構。原則上，盡量讓每一個人都能夠以其第一志願的產業職務工作來任用。比如說，如果以藝術類的繪畫創作或科研類的物理學研究工作為第一志願的人遠超過原預定的需求數，那麼，政府就應該調整產業人力配置的結構，讓這個國家（或文化區）的這兩種產業的這類工作職缺大量增加，以盡可能讓其人民都能以第一志願，熱情地投入其所從事的工作。

五　若原定某職務的職缺數少於有興趣投入者：
政府就應擴大該產業的規模，不宜過度擴大者，則
由用人單位來挑選最適合的人，未被選上者則按其
所填下一個志願繼續依序分發，直到所有填表的人
都盡量被分發到一個自己較喜歡的職務工作。

六　若原定某職務的職缺數多於有興趣投入者：
部分沒人或很少人填的產業職務會被淘汰或因用人
減少而減產，但若此產業職缺是該社會運作所不可
缺者，則其人力不足的缺額可以用下列幾種方法來
補足：（1）機器人自動化服務或生產。（2）提高從
事者的工資等級來吸引人自願轉職。（3）以正常工
作時間之外的兼職工作形式來徵求從事者（額外付
工資）。（4）以法律規定之社會公役形式來分配給初
成年的公民（役期不超過一年）、開始工作後累計被
自己所填列的志願工作開除達到五次的公民或是因
犯法而受罰的受刑人（這種因法律規定而被迫從事
社會公役的工作者，除受刑人外，一律領基本工資，
但在分配這類工作時一樣可以盡量按照個人的能力
與興趣來做分配）。以這四種方法來處理，即可讓所
有維持該社會運作所必須卻又沒人願做的工作都有

人來從事或分擔，因此而保障了一個絕大多數人都從事自己熱愛之工作的社會可以正常運作。

七　每個工作者的工資皆依其志願序來分不同等級。凡是從事自己第一志願工作的人領第一級的基本工資，從事自己第二志願工作的人則領較高的第二級工資，依此類推，也就是說，除了社會公役類的工作外，從事的工作是自己越比較不那麼熱愛的工作的人，領的工資越高。

八　為防止明知自己不可能被錄用而故意將該工作填在前面的志願，好讓自己因降了志願序而提高工資的詐填情況，凡是因為不符合該職缺的基本條件而落選者，不計入志願序差。

九　由於機器人及自動化研發行業可以促成讓更多的人有機會從事自己熱愛的工作，因此，為鼓勵此行業的發展，凡從事該產業者，一律領最高級別的工資。因此，這類產業須設置較高的入行條件，以便在必然比較多的第一志願者中挑選到最頂尖的適合人才。但落選者，無論是否符合該職缺的入行條件，皆不計入志願序差。

十　開始工作後，想換工作者可以辭職，然後再
填志願表，重新分發工作。

十一　被工作單位開除者，也可以再填志願表，
重新分發工作。但若被開除次數達到五次者，則只
能在社會公役類的工作中填志願序，且一律領基本
工資。

十二　由於工資的高低級別是依照分發工作的志
願序而非工作類別來決定，因此，會有同工不同酬
的情形，雖然人們或許可以因為熱愛其工作而不計
較自己領的報酬較低，但還是必須設計某種獎勵的
機制以鼓勵那些因特別投入工作而致產品或服務較
多與較佳的從業者（比如，可給予績效獎金、較長
的年假或頒贈該產業的分級大師的榮譽證…）。

十三　未成年者，一律領相當於基本工資之一半的
基本收入，但可配合教育的目的，在課後按其興趣
及能力分配其能夠勝任的公益服務，同時藉以探索
出自身的工作性向。

十四　有身心障礙的成年人，可自願選擇能夠勝任的工作或公益服務，除健保照顧所需，一樣可領基本工資。

十五　公民達法定退休年齡後，可自願選擇要不要繼續工作，但無論工作與否，一律領基本工資。

熱情導向型經濟的影響評估

按照這種方式運作的熱情導向型經濟，可能會產生以下的影響或結果：

一　整體社會總產值更加提高

因為大多數人從事的是自己熱愛的工作，因熱情的投入（甚至自願超時工作或延後退休），以致個人的創意、積極性與生產效率更高，整體社會的總產值反而獲得提升。

二　易建立起極具競爭力的特色產業

一個社會中，那些比較沒人有熱情又非社會之必需的產業，會因乏人問津而自然削弱或淘汰。而那些比較多人有熱情的產業則會蓬勃發展、興盛壯大，因而較具競爭力，形成該國（或文化區）的特色產業，甚至發展成為世界上該產業的王國。

三　重新定義工作

從此，人們是為了自己的興趣與理想而工作，或者不該稱為工作，而是變成了一種活出自我、成就理想的生活方式。

四　人人達到自我實現

這樣讓人們適才適所、人盡其才的社會，每個人熱情投入工作，每一個人都更有機會達到自我實現的人生最佳狀態。

五　平衡的幸福感與成就感

社會中大部分人從事的工作皆大致符合自己的興

趣。或者，若是從事的是自己較沒興趣的工作，則
因工資較高，也可以得到物質和心理上的彌補。一
個人所從事的工作越是自己所熱愛的，其所領的工
資越少，而所從事的工作越是自己比較不那麼熱愛
的，所領的工資便越多。工資與興趣的互補，讓每
個人的生活幸福感與人生成就感達到某種平衡。

八　更豐富多樣的創意和產品

　　多數人是為興趣而工作，各產業的創意和產品因
不再受限於市場因素而會更豐富多樣。各行業中具
有自己獨特理念想法又不在乎物質享受的生產者可
以完全按自己心中的理想盡情發揮，生產或發明創
作。而那些比較在乎物質享受者，也可以因較多迎
合市場的產出而獲得某種額外的績效獎勵。在市場
導向型的經濟體系中，為求個人或家庭的溫飽而被
犧牲的產業或創意，在熱情導向型的經濟體系中，
會因從業者有了基本工資的保障而獲得應有的發
展。比如，專職家管、作家、藝術家、從事社會公
益者、冷門理論研究者、各種稀奇古怪的理論、產
品與服務的發明者…。

此外，無條件基本收入被認為對社會所能帶來的一些正面影響，在熱情導向型的經濟體系裡同樣也能產生，甚至更為深化，說明如下：

一　降低貧富差距

工資分級制度與各種獎勵機制使得熱情導向型的經濟既避免了齊頭式的平等，也大大降低了市場導向型經濟所導致的嚴重貧富差距。

二　整合相關社會福利政策

因為每一個成年人都有了基本工資收入的保障，於是，像是最低工資、退休金、全民健保、國保、勞保、稅制、失業救濟、中低收入戶補助等等，可以通過整編，化繁為簡，減少這些社會政策所消耗的人力物力，包括審查使用社會福利的資格所需的文件資料、人員、辦公空間的空調、水電、紙張、或其他耗材支出等，並且因為無須提供個人生活或財產狀況等詳細資料，因此較能保護隱私，徹底消除被標籤化的疑慮。

三　使自動生產普遍化

以高工資鼓勵頂尖人才投入自動化研發產業，將會提升自動化生產的質量，使社會更加普遍地改用自動化機械的動力，例如機械手臂、自動駕駛汽車等等，因而許多產業對人力的依賴必能逐漸降低，未來即使有更多人從事自己第一志願的工作，還是會有足夠的產品和服務來滿足全社會的生活所需。

四　振興智慧產業發展

以往許多需要勞心勞力的工作，因為智慧產業的不穩定性，造成人才裹足不前、無法全力投入，又因為智慧產業的獨特性，使得許多的點子埋沒在需要依存著能夠滿足市場或整體目標的「工作」才能維持生存的社會中，熱情導向型的經濟可以改變這些問題。

五　改變人類文明的結構與內涵

更多人可以無後顧之憂地尋找更具創意、刺激、邊緣、前衛、個性化、理想化，且富於變化的工作

和生涯。於是，更新、更豐富、更令人意想不到的
科技研發、思想理論與各類文學藝術創作，將帶給
人類更好、更多元的產品與服務體驗，以及更精緻
細膩的文明與文化。

六　重新詮釋生活、工作與人生的意義

　　人們可以拒絕自己沒熱情的工作同時也能保障基
本生活，將會使工作被重新定義。每個人可以選擇
真正想做的事、想過的人生，不再只著眼於工作的
有無與薪水的高低，這不但使工作效率普遍提昇，
改變整個社會經濟活動的目的，大幅增加工作滿意
度，也將重新詮釋生活、工作與人生的意義。

一種值得實驗的文化區經濟體制

　　熱情導向型經濟是我總合了目前人類社會正在運
作的各種經濟型態、無條件基本收入的構想與這本
書所倡＜人以類聚的多元文化新世界＞的理論所發
想出來的另一種新的經濟運作型態。

　　自由文化地球國是要建立一個全世界的新的運作體系，以便讓無論多麼稀奇古怪的價值觀、文化和社會經濟體制都能有機會自由而和平地出現在這地球上，供人們選擇，並且彼此可以和平共存。而熱情導向型的經濟則是我個人心中所嚮往的一種理想的經濟制度。在未來的自由文化地球國中，它應該是一個很值得某些文化區拿來推行或實驗的社經體制吧。

　　如果自由文化地球國的世界有真能實現的一天，我這個發想者大概也早已經以另一種形式"存在"了。而到那時，若有足夠多的人和我有近似的價值觀，並且很欣賞這樣的熱情導向型經濟，就請不吝向世界政府申請成立一個新的文化區，採用這種經濟體制，好好嘗試一下這個有趣的構想。要是有幸能夠實驗成功，本"存在"除了將銘感五內之外，也必在天全力庇佑之！

自由貿易區與自由文化區

在多元文化新世界理論（請看前文）的基礎上，我們提到了自由文化國的概念，現在再來說說"自由文化區"，並且以現在正在國際間迅速發展與實踐的"自由貿易區"的概念來作對比說明。事實上，我發現，雖然自由貿易區是資本主義跨國實踐的必然趨勢，它卻正在協助這地球朝向咱們多元文化新世界理論所描述的理想世界前進呢，而現在的中國也正在此大潮中玩得不亦樂乎。

先說明這兩個概念。

自由貿易區（free trade area或FTA）通常指兩個以上的國家或地區，通過簽訂自由貿易協議，相互取消絕大部分貨物的關稅和非關稅壁壘，取消絕大多數服務部門的市場准入限制，開放投資，從而促進商品、服務和資本、技術、人員等生產要素的自由流動，實現優勢互補，促進共同發展。

自由文化區（free culture area或FCA）則是指，去除人為國界的障礙，讓不同的文化區可以自由地被建立，自由地消長，讓區內在不同文化間進行認同選擇的個人可以自由流動，並且定期地隨人口數目而調整國界的兩個以上的國家地區。

也就是說，自由文化區是將傳統國家觀的"領土完整，神聖不可侵犯"改為"文化完整，面積可以增減"。如果說，自由貿易區是在去除生產要素流通的人為壁壘（如關稅和貿易配額），好讓產業在區內自由競爭，那麼，自由文化區便是要去除人們建立、認同或遷入其心中理想文化區的人為壁壘（如移民配額和固定國界），好讓各種文化區在人類價值觀的消費市場中自由競爭、消長。

如果說，自由貿易區是要逐步消除經濟上的保護主義，那麼，自由文化區便是要逐步去除政治上對於文化價值觀的保護主義。

　　如果自由貿易區最終是要朝向建立一個以全球為範圍的經濟區，經由產業區的重分配，讓各地成為自己最具競爭力產業的王國，以減少因低效率生產而導致的資源浪費，那麼，自由文化區便是最終要建立一個以全球為範圍的多元文化區，經由價值觀市場的重分配，讓各地成為自己最具特色的文化（價值模型）王國，以降低因意識形態所引起的文化衝突（也就是說，可以減少人類在精神資源上的浪費），而最後這個"以全球為範圍的多元文化區"便是我們所追求的自由文化地球國。

自由文化區的雛形 － 以歐盟與中國為例

　　說了半天，自由貿易區至少已經是一個正在被具體實踐中的概念，而"自由文化區"呢？

　　其實，在這地球上，自由文化區的初階雛形已經出現了，就舉兩個例子吧：一個是一區多國的歐盟，一個是一國兩制的中國。

先說歐盟。

如果我們將歐盟各成員國視為一些文化區，那麼，現今的歐盟已經做到了自由文化區"去除人為國界的障礙，讓區內在不同文化間自由認同的個人自由流動"，只是仍未達到"讓不同的文化區可以自由地被建立，自由地消長，並且定期隨人口數而調整國界"此一境地。當然，歐盟的成立，主要著眼於經濟的一體化，要加入歐盟，有其一定的政經門檻，這與我們多元文化新世界之對任何文化（價值模型）區皆不設限的理想仍有一段距離。

當然，在2016年的此時，因中東亂局所產生的大量難民正在考驗著歐盟的理想。

至於中國，由於香港和澳門這兩個特殊的文化區與中國內地的差異頗大，如果以歐盟的標準，是不可能與中國"一起生活"的，但在當前的一國兩制下，中國式社會主義和港澳式資本主義體制卻並存一國之內，雖然，在許多方面，仍待磨合，它畢竟更接近我們多元文化新世界裡，各種文化區在政經社會制度方面皆不設門檻的理想。至於，如何在逐步提高人們相互流動性的同時，維持住各自的特色與核心價值，那就是一大考驗了。

　　或許鄧小平當年一國兩制的構想只是中國在收回港澳時，為了安撫西方世界和港澳當地民心而發明的權宜之策（當然也是為解決台灣問題鋪路），但這個政治上空前的創意，卻也讓在傳統上習於大一統的中國，突破了僵化的"一國一制"的國家觀，從而邁出了帶領世界走向自由文化地球國之路的第一大步。將來，由一國兩制到多制一國，然後自己發展成一個自由文化國，再讓他國加入，或是與他國結合，形成兩國以上的自由文化區，最終走向一個全球統一的自由文化地球國。

中國帶頭統一世界的步驟

　　簡單來說，中國帶頭統一世界的步驟如下：

1 一國兩制
2 多制一國

3 中華自由文化國
4 跨國組成的自由文化區
5 自由文化地球國

　為甚麼聯邦制的美國和由多國組成的歐盟比較不適合主導世界的統一呢？

　簡單一點地說，因為受一神論的影響，他們傾向認為自己的文化價值觀與民主理念具有普世性，乃唯一的真理與正義。因此，較不易真正接受自由文化地球國理論中的兩個核心概念："所有的文化價值觀一律平等"及"民主可以有不同的詮釋與實踐方式"（對此，後面有專文探討）。

世界的統一

這世界需要統一嗎？

我們只需捫心自問：

國際間的所得分配是不是越來越不公？
文化與文化間的衝突是不是依然尖銳？
戰亂、難民、區域衝突是不是依然嚴重？
核子武器的擴散是否得到有效控制？
因本可以避免的國際競爭而導致的資源浪費是不
是依然持續？
生態災難與環境污染是不是越來越失控？
以及種族、能源、糧食、飲用水、病毒、垃圾、
核廢料等等問題。

地球與人類的生存危機是不是越來越明顯了？

而現在的聯合國有能力解決這些問題嗎？

我們就姑且拭目以待2015年各國在巴黎達成的關於控制地球暖化的協議是否能夠落實。

想想看，如果這些牽涉面廣泛而復雜的人類問題確實存在而難解，那麼，是由一個鬆散無力的聯合國組織，還是由一個統一的世界政府來統籌治理，會使這些問題比較容易獲得全面性與根本性的處理與解決呢？

別的不說，如果因地球國的統一而可以把目前全世界各國每年單單消耗在國防與戰爭上的資源省下，轉做社會保障與弱勢照顧，那將會變成一個甚麼樣的新世界？

為了徹底而有效地解決人類共同面臨的問題與迫切的危機，讓人類不致看不到（而是可以一起幸福地看到）下一個世紀的太陽，這世界當然需要統一。

不然，我們是要坐以待斃嗎？

真正的問題恐怕不是地球需不需要統一，而應該是：這世界能以甚麼方式統一？又由誰來主導統一？

如果是一個自以為是的國家或文明，以一種"幫助別人進化"的心態與霸道的手段來進行統一，其結果可想而知，不是被弱勢者誓死反抗，就是會引起第三次世界大戰（血跡斑斑的二十世紀殷鑑不遠）。

可是，如果是以我們提出的"所有文化價值觀一律平等，皆有其存在意義"的理念思想與一種類似自由貿易區的自由文化區的方式來進行世界的和平統一呢？

誰最適合主導統一世界？

現存的國家中，其綜合國力足以深入世界各洲，進而影響全球運作的，其實屈指可數。

美國、歐盟（如果把它當作是個國家）、中國以及俄國（印度和日本則是目前還看不出來）。

其中，除了中國，皆屬一神論影響下的文明，習於以自己為真理與正義的唯一標準，老想以自己的價值觀來統一別人的價值觀，因此，較不適合主導人類朝多元文化價值觀的新世界統一。

這世界若要統一，最適合出面主導的國家就是中國。

詳細的理由如下。

為何中國最適合主導人類朝多元文化新世界統一？

1 華夏文明不具一神論的基因

華夏文明的思想裡，不管是本土的儒、道、墨、名、法中的哪一家，還是外來的佛家，從來就不曾以"神"作為其核心的概念，更遑論"一個不可懷疑的、絕對的、唯一的真神"。

不但儒家不講"怪、力、亂、神"，在道家與佛家哲學裡，反倒是把價值相對論看得相當透徹，而中國一般老百姓的民間信仰就更"務實"了，哪間廟靈就拜哪間，你要說它是"多神"，或根本就"無神"，都行。為了宗教而發動聖戰？這對華夏民族來說，簡直不可思議。

這樣的華夏文明自然比較不會老想以自己一套不可懷疑的、絕對的、唯一的價值標準來統一世上其他的文化價值觀，自然比較容易接受"所有的文化價值觀一律平等"及"民主可以有不同的詮釋與實踐方式"等等多元文化新世界的理念和思維。

由這樣的華夏民族來出面主導多元文化新世界的統一，在文明基因上，就很符合其天性。

2 華夏民族主張"道並行而不相悖，萬物並育而不相害"

在中國，無論儒釋道哪一家，都主張萬物和諧並
存。

尤其，《中庸》"道並行而不相悖，萬物並育而不
相害"的理想，與多元文化新世界"所有文化價值觀
律平等，都有其存在意義"的理念洽相符合。

華夏民族以和為貴，相對於其他的強大民族，顯
得溫柔敦厚、和平包容（請注意，我是說"相對於"），
由這樣特質的民族來主導多元文化新世界的統一，
比較容易被世界各民族所接受，特別是弱勢民族。

3 華夏民族喜歡統一天下

自古以來，華夏民族就很喜歡統一天下，始終認
為"天下合久必分，分久必合"，而且"分"是亂世，"
合"才是常態。

當然，華夏民族以前所謂的"天下"，實際上頂多只
是今天的中國或東亞，但"天下"這個概念原本便是指

"天頂之下"、"普天之下"，那麼，以今天的常識來說，就算不是全宇宙，當然也就是全世界、全地球了。

華夏民族的統治者總渴望一統天下，知識分子也總以"治國平天下"為其人生最高理想，因此，在統一世界這件事上，華夏民族實在沒必要謙虛閃躲（有句俗諺說得傳神：餓鬼裝客氣）。

或者說，我們不是不想，而是現階段還在很務實地"韜光養晦"、龍潛大海。

更何況，我們所說的統一世界，並非秦始皇還是成吉思汗式的以力服人，也不是階級鬥爭式的世界革命，而是主張"所有文化價值觀一律平等，都有其存在意義"，不但不是消滅別人，反而是要保障所有人類文化與制度的生存與發展權，用中國人傳統的說法來說就是，協和萬邦，以德服人。

在走出近代百年的自卑與悲情之後，逐漸恢復自信的中國人應認清文明衝突和國際問題的本質，以一種人類主義的理想來和平統一天下，制度性地解決人類一直複雜難解的文明爭端，有效地處理地球面臨的迫切危機，「為生民立命，為萬世開太平」，這是華夏民族的知識分子原本就有的胸襟和抱負，捨我其誰？中國的統治者與全球華人的有識之士們理應當仁不讓，自反而縮，雖千萬人吾往矣。

4 華夏民族自認為是中央之國或中道之國

華夏民族自稱為中國，無論是指以天朝自居的"中央之國"，還是指不走極端的"中庸之國"或"中道之國"，都顯示中國人在有意無意間，自我期許為世界的"中央政府"，或是在極端主義者們衝突時的中間調解者或主持公道者。

因此，中國中國，居中主持公道，主導人類的統一，並擔任起未來世界政府的主力，至少，對中國人來說，這事兒，還挺"名正言順"的。

（由於英文China一詞，並無"中央"之意，因此，未來作為自由文化地球國的先行示範，中華自由文化國就不妨英譯為Central Republic of Free Culture）

當然，以我們多元文化新世界的理念來看世界，各民族與文化是一律平等的，沒有高下之分的，因此，"中央之國"只是一種自我期許，一種因名字而產生的使命感，而不再是"我為天朝，爾皆夷狄"的封建時代思維了。

自從中國最後一個天朝一敗塗地，先是資產階級後是社會主義革命成功，並且努力吸收西方文明的精髓，以往那種中原華夏與四周蠻夷的傳統文化觀，早已走入歷史。如果有人還在那兒想像"萬邦來朝"的盛況，只不過是反映其還未走出百年自卑情結，仍需要在過去的輝煌中尋找一種"想當年"式的慰藉。

中國真正的自信，是來自從一連串的挫敗與反省中，在對自我與真實世界深入認識之後，所產生的一種清楚的、不卑不亢的、恰如其分的自我定位。

那中國恰如其分的自我定位應是甚麼呢？

按照我們的觀點，自然不是宰制或糾察世界的中央超級強權（如同現在美國的思維），而是做一個自由文化國的先行示範者，以及引領世界走向多元文化新世界（自由文化地球國）的中間主導力量。

5 不受選舉利益制約的中國領導人比較可能實現人類主義的理想

在美國（及許多歐盟國家）的立國精神裡並非沒有人類主義的理想性，只是，這些落實在其憲法條文裡的理想主義只限於保障其國內人民。比如，一旦出了美國，美國的國家利益便立馬壓倒任何著眼於整體人類的理想主義，為何呢？因為其國家統治者的權力來自選票，這種民主選舉制度註定要讓一切當權者（即使其個人或許懷抱有人類主義的理想）在制定其國家政策時，必定會以其國內選民或支持其當選的利益團體為優先考慮，因為，他們心裡當然明白，身為從政者，如果拿不到權力，就會一切皆空。

社會主義中國領導層的產生不採西方式的選舉制，因而決策高層在制定國家政策時，比較不會為了選票而被國內的、短期的選舉利益考慮所綁手綁腳，也就是說，如果中國共產黨與其黨內自行產生的領導人決定從整體人類的立場來考慮，誠心以國家力量來促成某種人類主義的理想得以在天下實現的話，他們遠比美國或歐盟等西方普選制國家的領導人更可以高瞻遠矚地從人類的角度思考全球問題，更容易大器地施展抱負。

6 沒有政黨輪替問題的社會主義中國可以長期穩定地推動既定的理想

這個理由跟上一個有點類似。美國與歐盟等西方國家所採的民主制度實行多黨競爭，由定期的改選來形成政黨的輪流執政。通常不同的政黨或者代表了國內人民之間不同的價值觀，或者代表了國內不同階級及利益團體的利益，就算某個帶有人類理想主義色彩的政黨在某一時期取得多數地位而執政，也沒人能確定其夾帶有全球遠見的政策能推行多久，因為國內民意瞬息萬變，連執政者們自己都不知道在下次大選時是否還能勝選，繼續執政，推行那些有利於整體人類的政策。

反之，社會主義中國堅持一黨專政，沒有政黨輪替的問題，一旦決定推行有利於整體人類的政策時，不但可以長期穩定地推動，還能有計劃地、按部就班地追求其全球戰略目標，逐步實現人類主義的理想。

（關於一黨專政與精英統治的問題，將另文探討）

7 社會主義陶冶下的中國人民比較可能願意放手讓國家推行具有人類主義理想的政策

這可以分成幾點來說：

（1） 社會主義本身就比較具有人類主義的理想色彩。如果說共產主義的理想是要建立一個沒有階級的人類社會，那麼我們多元文化新世界的理想也正是要建立一個在文化與價值觀上沒有階級的世界。

（2） 由於教育、媒體與體制的影響，共產主義國家的人民比較習慣於支持黨與國家追求的理想，也比較願意為集體利益而放下個人利益，為成就大我而犧牲小我。只要黨讓整個國家統一步調，朝向某種人類集體的理想目標前進，中國政府要說服人民放下或割捨部分私利，共創偉業，當然比起強調個人主義與捍衛小我權益的西方資本主義式民主國家的政府要容易得多。

（3）　在一黨專政的體制下，一旦中央定調，就算少部分人民並不同意為人類整體利益著想的政策，也只能在發發牢騷之餘，莫可奈何地接受國家既定的遠大政策，跟著集體的步伐前進。

這樣集體主義傾向明顯的社會主義中國，自然比較容易成就關係著人類集體福祉的事業，而如果因為他們（情願或並非很情願）的犧牲，真的造就出一個理想的人類世界，那不是應該令所有其他人類感謝和尊敬嗎？

8　在全球經濟結構性的不公下，非洲與拉丁美洲貧窮國家會比較願意支持由中國提出的理想

伊斯蘭教國家與那些對西方殖民者仍存有戒心的民族容易反美反西方，而在西方人眼中顯然很不民主的獨裁國家則又不會喜歡被"干涉內政"，至於左派執政的國家自然對社會主義中國比較有"親切感"。總之，由於歷史、宗教、民族情緒、意識形態、現實

政治利害等等因素，對大多數非洲與拉美的貧窮國家而言，由社會主義中國來敞開其大門進行交往與合作，或是邀請其加入邁向相互尊重的多元文化新世界的跨國計劃，自然會比由西方強國來做，更容易獲得支持，或至少看起來"順眼"得多。

如果中國在這些國家進行經援或合作的同時，並不只盤算自身的經濟利益，而是懷抱著我們所說的讓世界朝向多元文化新世界邁進的人類夢想，那必然會得到受惠國們真誠的感激與尊敬。於是，先經濟後文化，再到政治，這些為數眾多的國家在互利互惠或現實考慮下，紛紛加入由中國主導的自由貿易區與自由文化區，最後，便能讓自由文化地球國的建立成為大勢所趨。

9 為了本身改革開放與國家統一的需要，中國事實上已是個多元而包容的體制

為了改革開放，社會主義中國早已容納了資本主義市場經濟的種種理念和運作方式，為了國家統一，也在港澳實施了一國兩制，以包容完全不同的政經模式，這些創舉都已讓中國實際走上了多元而

包容的體制之路，也等於是無意間一步步向著未來的中華自由文化國走去。

　　事實也證明，中國越多元越包容，就會越強盛越自信，並且以自身摸索成功的經驗，從"一國兩制"升級到"多制一國"，再到建立一個"中華自由文化國"，並逐步擴大為跨國的自由文化區，最終形成一個自由文化地球國。

　　總結以上理由，無論從文明基因、民族思想、自我定位、制度因素、意識型態、國際現況、現實需要或實踐經驗哪一方面來看，在當今世界的大族強國中，最適合出面引領世界走向多元文化新世界，將人類統一成一個自由文化地球國的，毫無疑問，就是華夏民族，就是中國。

中國在精神層面仍需要的努力

　　我在網路上看到一則留言，提到：

"中國能不能領導世界？我認為中國是不能的。首先領導世界就必須滿足兩個基本條件： 1.中國具備領導世界和維護國際秩序的超強能力。 2.具有世界多數國家認同的價值觀。這兩點我認為中國是不具備的。"

我認為，第1點，中國目前確實還不具備，但假以時日之後，應該會。至於第2點，就可以參考本書所倡議的觀點了。

中國要有能力成為世界的主導者，在精神層面必要的努力步驟可能如下：

一　在改革開放的路上，一面摸索前進一面總結經驗的同時，必須深度反省，然後產生具感染力的思想和價值觀。

二　因為有了具感染力的思想和價值觀，因而對本身體制運作與發展方向充滿自信。

三　滿懷自信後，結合經濟實力與管理效率，徹底解放中國人的原創力，才能在各領域的創造發明上真正超越西方。如果社會主義區在某些方面的完全開放仍有所顧忌的話，則不妨靈活運用台灣普選式民主制度在島內所形成的思想言論與創意環境。

四　建構出傳播本身文明、思想和價值觀的強大媒體力量，尤其是全球傳播的能力。想要有世界的話語權，中國必須要有自己的CNN、BBC、美聯社或好萊塢…。此外，為了彌補中文在國際共通語言地位上的現有弱勢，必須不計成本地推廣中文或一種新的簡單易學的世界語，或是設立一個高效率的翻譯體系，能將自己觀點的訊息與媒體產品迅速翻譯成各種語言，向全球傳播。

中國已踏上地球國之跨國長征的第一步

亞投行，全名"亞洲基礎設施投資銀行"（Asian Infrastructure Investment Bank，縮寫為AIIB），是一個向亞洲各國家和地區政府提供資金以支持基礎設施建設之區域多邊開發機構，其成立的宗旨在於促進亞洲區域內的互聯互通建設和經濟一體化的進程，並且加強中國與其他亞洲國家和地區的合作。

亞投行成立後，配合"一帶一路"的規劃，中國可主導亞洲跨國交通的硬體建設，把亞洲串成一體。這種以貸款協助鄰國基礎建設的經濟合作模式，不但可能使中國經濟二度騰飛，進一步擴大以中國為主體的自由貿易區範圍，因而逐步建立區域內的產業分工，讓中國本身更有機會進行產業升級，並以價格及可以宏觀調控的優勢，挑戰歐美日的高端產品生產者地位。

對中國來說，這種利己利人的長期投資，其回收將不僅是金錢上的。而既然是投資，便自有其一定的風險，但像中國這樣規模的社會主義大國是承擔得起的。

中國版馬歇爾計劃 2.0

有人稱中國近年對友邦的經援為中國版的馬歇爾計劃，也有人質疑，為甚麼中國四處撒錢，可受益國卻不見得心存感謝？

因為你並不是無償的協助，或是，你缺乏一個足以感動人心的人類理想做為背後的動機。

以西方國家為首的世界銀行和國際貨幣基金，以及以日本為首的亞洲開發銀行，在接受貸款申請時，經常設下許多"條條框框"。相對而言，根據以往的經驗，中國在對外經援時，比較不會對接受援助的國家"干涉內政"。這種尊重他國文化價值觀與制度的經濟合作模式自然容易受到窮國的歡迎。君不見亞投行在還沒正式開張之前，就已經聽到了門外叫好的掌聲。

但不"干涉內政"還只是消極的做法，如果中國能夠超越"在商言商"，也不要僅僅計算經援或貸款他國之後的經濟或政治利益，而是能提出某種人類主義的理想來作為積極對外拓展關係時的良善動機或遠大目標，那麼，那些既受惠又受到尊重的國家和人民，能不心悅誠服？

而我們所主張的尊重多元價值觀與體制的"自由文化區"理念，正可以成為在中國進行經援或推展自由貿易區的同時，一種最足以感動或號召弱勢民族與國家的良善動機及遠大目標了。

其實，在對台灣地區的同胞"讓利"時，這道理似乎一樣可以適用。中華民族主義這種比較老套的統戰思維對已被長期去中反中化洗禮的台灣社會年輕一代可能已無多大的感動力，但是，一種進步的人類主義理想則又另當別論了。

自由貿易區與中國的全球經濟戰略

如前所述，自由貿易區的目的主要在除去關稅壁壘和各種政策性的干擾，使得生產要素得以自由流動，以實現優勢互補，促進共同發展。也就是說，在排除這些人為措施的干擾和扭曲後，在市場經濟自然的運作下，會使自由貿易區內的各國，在區內產業分工的大趨勢下，自動走向自己優勢產業王國的分工位置。

但這種分工會出現甚麼結果呢？

自由貿易的結果會使得已經具有產業優勢的工業強國在產業發展上擁有較大的選擇權。

再怎麼強大的國家，其資源和生產要素也是有限的，於是，他們在選擇產業發展的重點時，通常會優先選擇智力密集型（如高科技或關鍵技術）、資本密集型（如金融、保險、軟體研發）、高國安型（如糧食、國防、能源）、高文創型（如媒體、影視）、低污染型，或是上述以外，加上運輸成本後在本地沒有競爭力的產業。

由於資本主義是由市場供需來決定價格，少數具有選擇權的產業強國自然要盡量選擇那些市場上需求高但別人做不來（供給的競爭者少）因而可以主宰與壟斷價格的產品來生產，並運用各種方法使自己穩坐這類產品生產王國的寶座，永遠是世界產業結構性分工下的高所得者，而其中，最重要的方法就叫做"自由貿易"。

那些起步較慢或較不具產業優勢的國家就只能撿別人挑剩的、不願意做的產業來做。在自由貿易（有人說，其實是自由剝削）下，雖然可以保障自己所生產的低階產品的外銷市場（即保障了國內的就業），但也等於把自己給困在低階產品生產者的國際產業分工的位置上了。如果無力進行產品升級，那就只能永遠"窮忙"。

於是，資本主義造就了個人之間的貧富不均，自由貿易則造就了國家之間的貧富不均。一國之內的個人貧富不均可以按照該國的價值觀，以政府干預的方式來進行不同程度的財富重分配，但國際之間的貧富不均呢？

信仰並奉行資本主義的這些高所得西方產業強國，會自我干預，進行國際間的財富重分配嗎？這豈非緣木求魚？那麼，將來如果也在世界產業分工競賽中坐上高收入者寶座的社會主義中國呢？

美國怎麼玩？

我們先來瞧瞧當今主宰世界經濟與金融的西方產業強國中的老大——美國，是怎麼玩這個國際產業分工與自由貿易的遊戲的。

（一）從小教育就鼓勵學生表達自我，與眾不同，追求創意。到了高等教育階段則以理性開放的思維訓練培養出各類頂尖的科研與學術人才。更以優越的條件（包括國際共通的語言、優厚的獎助學金及較好的物質生活環境）吸引別國的人才留學移民，貢獻所學及專長。（二）無論在學術界或企業界，都以高比例的預算投入研發創新。（三）在科學與技術領先程度上將其他國家拋在後頭，然後壟斷高端產品的價格，並以知識產權來保護自己獨享的價格利益。（四）壟斷技術與價格，讓自己永遠成為高端高價產品（或高端產品之關鍵技術）的生產國，因而在自由貿易體制下及國際經濟全球化的產業分工中，保持高收入國的地位。（五）以強大的傳媒力量將自己的價值觀、新科技產品與所形成的生活方式透過各種媒體置入性廣告行銷，形成所謂的潮流趨勢，在同儕與社會的集體壓力下，讓產品至少在心理層面便已成為全球人們的生活必需品，以形成長期穩定的市場需求。（且看看蘋果公司是怎麼做的？他們定期推出升級產品，利用美國強大的新聞媒體在全球媒體的國際或產經新聞中置入行銷，炒作其即將上市的產品）。（六）以自由貿易來保障自己所選擇產業的海外市場，再以累積的資本，繼續發展技術密集、資本密集的產業，將低階生產者永遠拋在後頭當血汗工廠，淪為難以翻身的窮國。（七）已經是高收入的奢侈國家了，還要藉著其強勢的國際流通貨幣，於必要時，政策性地操控金融貨幣，造成國際間的財富再重分配。（八）以足以在全球呼風喚雨的政經與資金實力，在國際的股市匯市間進行游刃有餘的操作。

　至於美國在其他領域，如軍事、外交與文化等方面的玩法，就暫時不說了。

社會主義中國又怎麼玩？

　改革開放了幾十年，中國在市場經濟裡也跌跌撞撞地摸索學習了幾十年西方資本主義遊戲的玩法，而且似乎越玩越順手，越玩越起勁，越來越清楚如何運用自己的優勢來玩自由貿易和全球化。

　那，中國有甚麼優勢呢？

　中國在全球經濟戰上的優勢至少有以下十項：

　（1）人多，所以潛在的人才多，潛在的國內市場也夠大，大到總是會讓對數字異常敏感的資本家們充滿想像。（2）本身市場就大到適合以規模經濟的大量生產來降低成本。（3）國家可策略性地使工資相對較低，於是，同類產品在市場上具有價格優勢。（4）政府容易以各種政策措施，創造出誘人的投資環境來吸引外資，在長期高速經濟發展下，累積大量的國家資本，再投資於基礎建設、教育學術與研發創新，並積極對外併購，進一步提升本身的技術水平。（5）中國人的"學習"能力強大而靈活。只要山寨的能力夠快夠強（這當然也是一種獨特的"技術"），或是能在關鍵技術上重點突破，便能在市場上輕易打敗同類的他國產品（或者是東西一樣好，但價格較低，或者是雖然質量差一點，但以低價取勝）。這種超強的"學習"能力在產業追趕時期，當然是很管用的。（6）容易以國家的力量（資金與政策）來統籌，計劃性、選擇性地重點投入研發，追趕某些產業（現成的例子，如高鐵、手機、電子支付等，呵，還有現在的遠海造島），一旦在技術面迎頭趕上，便可以以量制價地打敗他國對手，而且，要打誰就打誰，一時不成功，也總有一天能。（7）相對於西方強國，中國比較不會干涉受援國的內政，因此較易取得信任，以借貸和協助基礎建設的經濟合作方式援助窮國，換取長期的經濟或政治利益。（8）社會主義計劃經濟的宏觀調控，是以一個龐大的、綜合的國家企業體來與國際私人企業對弈，在國際經濟貿易戰上，當然更具總體的戰力。（9）傳統的儒家文化觀使中國人刻苦耐勞，奮發進取，而社會主義愛國教育，則使人民習於配合國家政策。（10）社會主義中國政府比起政黨輪替、定期改選，因而只在意短期表現的國家政府，更具可以綜觀全局、長期作戰的戰略優勢。

看得見的手博弈看不見的手

如上述，中國式社會主義以一雙看得見的手宏觀調控各種生產要素，引領一群在儒家文化和愛國主義教育薰陶下勤奮又配合的人民，以價格優勢讓同類產品在自由貿易的國際市場上如魚得水，無往不利。但這樣雄圖大略、求財若渴的社會主義大國當然不會把自己局限在低階產品生產者的國際產業分工位置上，一旦人才與資金累積到位，便可以雄厚的國家資本，進行策略性的產業升級與國際擴張，繼續與西方資本主義那雙所謂看不見的手對弈。

又因中國的經濟規模夠大，在宏觀調控下，各個國營企業可以相互支持配合，具有可以長期博弈而晚收成的戰略優勢（這道理如同為甚麼一般人進了大財團經營的賭場博弈，只要一直玩下去，必然十賭九輸），而必須定期改選、接受選民檢驗的普選式民主國家領導人比較在意的是任期內的經濟表現，也就是，短期（或速成的）數字與成績，在國際經濟戰場上，不易與一黨專政並推行經濟計劃的社會主義中國打長期戰。

幾十年後，中國在自由貿易區內將可予取予求，要瞄準打垮哪國的哪個高階產品都是可能的（當然，還是有一些產業是社會主義國家比較不具優勢的），要支持讓利給哪國就給哪國。凡是被中國選擇性打垮的某高階產業王國，若未能再往更高階產品升級，就只有往下沉淪，被迫接受較低階的自由貿易區內的產業分工位置了。

再說，中國以經濟作為政治與外交上的籌碼（如經援、借貸或政策性採購等等），以及運用因經濟規模之不對等而導致彼此在貿易依存度上的落差

（你依賴我的程度遠大於我依賴你），也足以在國際間合縱連橫，呼風喚雨。

直到有一天，這雙看得見的手（自由競爭遊戲中的"真小人"）終將打敗那些所謂看不見的手（自由競爭遊戲中的"偽君子"），使自己成為中高階產品的超級生產王國（就算是山寨王國也行。不妨算算看，其實這地球上有多少人類買得起蘋果的新款手機呢？）。在自由貿易區不斷的擴張下，讓別國去接下低階產品的國際產業分工位置，自己則穩坐上高收入的產業強國寶座。

當然，如果結局只是這樣，那麼這樣的中國跟現在騎在窮國頭上作威作福的歐美國家也沒啥不同。

但別忘了，中國仍然是個堅持共產主義理想的社會主義國家（雖然它官方的合理化說法一直在變化，或者說，與時俱進）。

當中國成為老大之後呢？

中國既然能以那雙看得見的大手白手起家，利用資本主義的優點並避其缺點地在自由市場上打敗所謂看不見的手，當然也能再以這雙大手來"宏觀調控"地先在國內實現社會主義的理想，最後，同樣再在全球主動進行某種結構性的財富重分配，以保障這地球上每一個人類的基本生存與福利，實現其1949（或1921）年的初衷。

貧富不均既是資本主義的手段，也是目的。但對社會主義中國而言，貧富不均是（初級階段的）手段，但卻不是最終目的。

這樣說，難不成是要將來也成為產業高收入強國的中國對世界輸出社會主義？當然不是。

回到我所提倡的自由文化地球國，其理想可是要尊重所有不同的價值觀與政經社會制度的，所以，若有喜歡完全自由競爭到人吃人地步的叢林式資本主義社會的人，就讓他們自由形成屬於自己的文化區吧,反正,最後無法適應或忍受的人自會遷離該區,如果人數不足了,這樣的文化區也就自然會解散消失、關門大吉了。

未來,作為自由文化區推動者的中國,應該是將自己雄厚的財力運用在以經援或經濟合作的方式來鼓勵產業弱勢國家加入自由文化區的行列。中國不會干涉他們的內政,反而是努力協助保障各種價值觀及其形成的政經社會制度。至於各國(或各文化區)對於其境內的貧富不均能容忍到甚麼程度,會以行政或立法的方式進行何種程度的財富重分配,那就是各別國家(文化區)自己的家務事了。

每個不同的文化區會依其價值觀來設計其認為最合理的財富重分配機制,而由於個體有遷居的自由,因此可以自行選擇自己較能接受的貧富差距程度的社會來居住。

也就是說,那時,藉著市場經濟的遊戲讓自己富裕起來的中國,將以本身強大的政經實力,在也已經玩得游刃有餘的國際自由貿易區間,由近而遠地逐步推展一個自由文化區的架構,制定一個互相尊重的新的遊戲規則，最後，水到渠成地主導自由文化地球國的建立。

接下來，就來說說如何建立一個自由文化區的架構？我提出一種實際的方法，那就是簽定自由文化區協議。

自由文化區協議

就跟跨國的自由貿易區一樣，兩個以上的國家也可以簽定自由文化區協議，以結合成跨國的自由文化區。

自由文化區協議的內容不妨參考如下：

甲乙兩國自由文化區協議：

（1）兩國人民依法可自由至對方境內工作定居。
（2）在兩國境內應各自成立對方國的文化區，兩國人民皆可以自由選擇遷入該文化區定居。

（3）文化區有高度自治權（可參考自由文化地球國憲法總綱來制定文化區的自治模式）。

（4）定期統計兩國人遷至對方國內及自己境內對方的文化區定居人口總數的差額，依此差額佔人口遷移順差國（即遷出人口大於遷入人口的一方，以下簡稱順差國，反之則為逆差國）人口總數的百分比來擴張在順差國境內的逆差國文化自治區之土地面積（即相同百分比的順差國全國面積將被劃入其境內另一方的文化自治區）。

舉例來說吧。

如果中國與巴基斯坦簽訂中巴自由文化區協議。那麼，兩國便應在自己境內成立一個對方的文化區，也就是，中國在境內成立一個巴基斯坦文化區，巴基斯坦也在境內成立一個中國文化區。文化區皆被賦予高度自治權，兩國人民皆可以自由選擇至本國境內的對方的文化區工作與定居。然後，定期（比如說每三或五年）統計一次一國遷入另一國與自己境內對方文化區的人口數。例如，如果遷入巴基斯坦和中國境內巴基斯坦文化區定居的中國人總數為兩百萬，而遷入中國和巴基斯坦境內中國文化區的巴基斯坦人為一百萬，那麼，表示這幾年期間，巴基斯坦文化比較受歡迎，因此，中國（文化區人口遷移的順差國）應該將差額（一百萬人）佔自己總人口數（約十三億）的百分比之中國土地劃入中國境內的巴基斯坦文化區，反之亦然。

以這種由經貿而文化而政治的方式，未來，與中國簽訂自由文化區協議的國家會越來越多。一開始可能會以因還不起經援貸款而選擇加入跨國自由文化區的貧窮國家為主，接著則是已經與中國簽訂自由貿易區協議的國家，在自由貿易區協議的基礎上，進一步簽定自由文化區協議，也就是，從與中國的經濟一體化，延伸至文化一體化（這裡，一體化的意思可不是指統一，而是指，在交流與分工上形成一個多元的、百花齊放的整體）。

如此發展下去，直到只剩下少數幾個大國還未與中國簽訂自由文化區協議，但在大勢所趨之下，這最後幾個國家在看到自由文化區的好處，並且權衡利害得失之後，也會在國內民意的壓力下（誰不希望擁有眾多價值觀與定居地選擇的自由呢？），願意以談判的方式來解決，建構一個全球性的自由文化區。

　一旦全球所有國家都簽了自由文化區協議，那麼，全世界便形成了一個全球的自由文化區，之後，不出幾年，以下的發展便是順理成章：

　（1）國界逐漸模糊。
　（2）文化區取代國家。
　（3）共同制定自由文化地球國憲法。
　（4）召開全球國會，協議共組世界政府與世界軍。
　（5）一切按照自由文化地球國憲法來運作。

　於是，一個嶄新的自由文化地球國於焉誕生。

升級版美國夢

當然，有能力主導統一世界的國家，除了中國，還有美國。

就如我一開始所言，要實現自由文化地球國的理想，以當今世界的相對國力而言，美國比中國更有能力推動，不過，必須是美國人願意這麼做，願意主動將他們引以為傲的美國夢升級，進而改變他們的國際觀和對外政策。

首先，美國人應該反省，作為一個世界的超級強權，又總認為自己站在"上帝、真理和普世價值"這邊，為甚麼這個世界卻治絲益棼？為甚麼自己這麼努力輸出"民主人權的真理和普世價值"，而世界上許多地方的反美情緒卻不減反增？國際秩序是越維持越亂？

美國人應該反省，美國的立國精神和美國夢本身，放在今天這樣的世界，到底出現了甚麼問題？

傳統美國夢到底出了甚麼問題？

追本溯源，就讓我們回顧一下美國的立國精神，同時，按照自由文化地球國的思想來看看傳統的美國夢可以如何升級。

美國夢植基於美國的立國精神，而將此精神體現於文字，便是美國的獨立宣言。它是西方近代民主人權思想的產物，探討美國獨立宣言所存在的問題，也等於同時探究了西方近代民主人權思想所存在的一些核心問題。

我們就來看看美國獨立宣言中最重要的一段：

（譯文）

我們認為下述真理是不言而喻的：人人生而平等，造物主賦予他們若干不可讓與的權利，其中包括生存權、自由權和追求幸福的權利。為了保障這些權利，人們才在他們中間建立政府，而政府的正當權利，則是經被統治者同意授予的。任何形式的政府一旦對這些目標的實現起破壞作用時，人民便有權予以更換或廢除，以建立一個新的政府。新政府所依據的原則和組織其權利的方式，須使人民認為唯有這樣才最有可能使他們獲得安全和幸福。

（原文）

We hold these truths to be self-evident, that all men are created equal, that they are endowed by their Creator with certain unalienable Rights, that among these are Life, Liberty and the pursuit of Happiness. --That to secure these rights, Governments are instituted among Men, deriving their just powers from the consent of the governed, that whenever any Form of Government becomes destructive of these ends, it is the Right of the People to alter or to abolish it, and to institute new Government, laying its foundation on such principles and organizing its powers in such form, as to them shall seem most likely to effect their Safety and Happiness.

以下，我將逐一分析其中的問題。

"人人生而平等"

這句理想，是西方民主人權思想的基石。但顯然，在美國的獨立建國時代，這理想也只在白種男人之間實現。

不過，經過兩百年的演變和修正，美國總算達到了不論性別和膚色一律平等的階段。當然，心理上是另一回事，至少在法律上是幾乎做到了。

但是，人類皆生而平等的理想並未實現，因為事實上只能說是，美國人（或美國公民）生而平等，因為美國憲法只保障美國人的人人平等。美國總統和國會宣誓效忠的是美國憲法和美國人民，照顧的是美國的國家利益。美國公民以外之人，美國的立國精神與理想經常是愛莫能助，當然不可能跟美國人平等。

因此，理論上認為的"人類"皆生而平等，在目前的國家憲法運作之下，大概永遠也做不到。這是美國立國精神（理想）與制度設計（現實）的矛盾一。

"造物主賦予他們若干不可讓與的權利，其中包括生存權、自由權和追求幸福的權利"

對於生存權的定義或許比較沒有爭議，但對於甚麼是"自由"和"幸福"，就會因為價值觀和信仰的不同導致因人、因文化而異了。（比如，共產主義者和資本主義者對"自由"的定義有異，佛教徒和基督徒對於"幸福"的看法也會不同。）在提倡思想、言論和宗教自由的美國社會裡，各種人、各種信仰都存在，只是在選民中所佔的比例不同。

因而，這裡的"他們"，不但僅指美國人，而且還是部分的美國人，因為除了美國憲法只保障美國人外，美國的選舉制度使得由選舉產生的當權者通常只會代表部分選民及利益團體的利益，而不可能兼顧所有美國人的利益，更遑論全世界人類的利益。

數人頭式多數決的選舉制度，加上高門檻的修憲設計，都使得社會中（一時或長期）的少數群體很難擁有他們真正最喜歡的政府，以追求他們心中的"自由"和"幸福"。

所以，這些"造物主賦予他們若干不可讓與的權利"，對社會中的少數群體而言，會因為制度的制約而被迫（短期或長期地）讓與了。這是美國立國精神（理想）與制度設計（現實）的矛盾二。

"為了保障這些權利，人們才在他們中間建立政府，而政府的正當權利，則是經被統治者同意授予的。"

同意授予政府正當權利的方式有很多，選舉只是其中一種，而即使是選舉，也有各種不同方式的選舉。無論是在建立政府的方式或是同意授予政府正當權利的各種方式中，哪一種才是最能保障上述基本人權的方式，也都是有爭議的，也都會因人、因文化價值觀及信仰、甚至客觀條件之差異而有所不同。但是，你卻把某一種方式明文規定在美國憲法條文裡，排除了其他方式的可能，也就是說，讓部分認為其他方式更能保障其基本人權的美國人（因達不到修憲門檻）無法實現其理想中的政府產生方式。

這是美國立國精神（理想）與制度設計（現實）的矛盾三。

"任何形式的政府一旦對這些目標的實現起破壞作用時，人民便有權予以更換或廢除，以建立一個新的政府。"

對於令人失望或厭惡的現存政府，如果在這種選舉制度下的少數群體始終無法將之更換或廢除，他們有沒有別的選擇呢？有，就是讓他們有權利選擇離開，定居他國，或是在不武裝叛亂的情況下，讓他們有權利以和平的方式在現存政府之外另建一新的政府。只是，在現在的情況下，這兩種權利都沒有獲得保障。以前者而言，選擇離開？雖然美國公民有放棄美國國籍的自由，卻沒有必然獲得另一個國家國籍的自由。以後者而言，以和平的方式在現存政府之外另建一新的政府？Well，看看美國歷史上的南北戰爭吧。

數人頭式的多數決選舉制度加上高門檻的修憲設計，使得持特殊信仰或價值觀的少數族群無力更換政府或廢除現制。這是"人民便有權予以更換或廢除"的美國立國精神（理想）與當前美國憲政運作及國際現況（現實）的矛盾四。

因此，綜上所論，如何解決這些存在於美國立國精神（也可擴大來說是西方民主人權思想）與其現實憲政運作之間的矛盾？如何真正讓世界上不管是不是美國人，也不管是不是多數或少數的美國人，都能一律平等？不論他們基因為何而傾向什麼樣的價值信仰都真正擁有他們追求自己認為的"自由"和"幸福"的權利？都有權選擇他們認為"建立政府"和"同意授權" 其正當權利的最佳方式？也都有離開他們不喜歡的政府，或是在不武裝叛亂下，和平地另建一新政府的權利？

也就是說，如何將美國夢升級以真正完整地實現美國的立國精神？

以下，就是升級版的美國夢。

建議的美國憲法增修條文（參考版）

美國夢的具體化身便是美國獨立宣言和美國憲法。美國獨立宣言已經是歷史文件，不可能更改，但美國憲法則是可以以增修條文的方式加以修改的。

因此，如何解決美國立國精神理想與美國憲政實際運作之間的矛盾呢？如何可以將美國夢提升呢？

按照自由文化國的思想，並站在現在的美國夢的基礎上，以下便是我給美國人的修憲建議：

美國人不妨在美國憲法中加入如下的增修條文：

（參考條文1）

We hold these truths to be self-evident, that all men are created equal, that they are endowed by their Creator with certain unalienable Rights, that among these are Life, Liberty defined by themselves and the pursuit of the

Happiness they think.--That to secure these rights, Governments are instituted among Men in the best way they think, deriving their just powers only from their securing these rights, that whenever any Form of Government becomes destructive of these ends, it is the Right of the People to alter it, to leave, or to institute another new Government, laying its foundation on such principles and organizing its powers in such form, as to them shall seem most likely to effect their Safety and the Happiness they think.

（譯文）

我們認為下述真理是不言而喻的：人人生而平等，造物主賦予他們若干不可讓與的權利，其中包括生存權、由他們自己定義的自由權和追求他們自認為幸福的權利。為了保障這些權利，人們才在他們中間以自認最佳的方式建立政府，而政府的正當權利，只為了保障這些權利而存在。任何形式的政府一旦對這些目標的實現起破壞作用時，人民便有權予以更換，或離開，或另外建立一個新的政府。新政府所依據的原則和組織其權利的方式，務使人

民認為唯有這樣才最有可能使他們獲得安全和自認
之幸福。

說明：上面這一條來自經我修改後的美國獨立宣
言部分內容。

（參考條文2）

Those citizens who do not agree to this constitution may
give up their Nationality of the United States and choose a
new one. When the number of those citizens who want to
give up their Nationality of the United States but cannot
acquire a new foreign one has reached a proper point, the
federal government has to provide some land for them to
additionally establish a self-governing culture community
of diverse systems, American Community of Free Culture,
before the right of free naturalization is secured around the
world.

（譯文）

任何不認同本憲法的公民皆有權放棄合眾國國籍

並自由選擇加入其他國國籍。在自由入籍之權利仍
未於國際間獲得保障之前，當放棄合眾國國籍而又
未獲准加入他國國籍之公民人數到達一定人口比例
時，聯邦政府必須劃出部分國土以供其另外成立一
個一區多制的自治文化區——美利堅自由文化區。

說明：這一條就是在盡量不更改美國現存憲政體
制的情況下，提升美國夢，徹底實現美國的立國精
神與理想。

（參考條文３）

The foreign policy of the United States has to follow the
above principle, as to us shall seem most likely to effect
our Safety and the Happiness we think.

（譯文）

合眾國之對外政策須遵循上述原則，如此，才最
有可能使我們獲得安全和自認之幸福。

說明：這一條則是明文規定著，爾後的美國對外

政策必須符合上述憲法增修條文之精神。

　　如此修憲之後，這個升級版的美國夢，可以解決美國立國精神與其現行憲政運作之間的矛盾，真正實現美國獨立宣言所蘊含的理想，若再加上以下三個國內外的行動步驟，美國便將轉身成為另一個自由文化地球國的推動者。

美夢升級三步驟

　　美國人要讓其美國夢升級，於國內和國外，可以有三個步驟。

　　國內：

　　（1）參考上述幾項條文，增修美國憲法。

　　（2）根據新的憲法條文，修改相關法律及對外政策。

（3）一旦條件許可，根據新的憲法條文，劃出部分領土，准許國內持各種特殊信仰的各個少數群體另外成立一個一區多制的美利堅自由文化區。

國外：

（1）推動從跨國的自由貿易區到跨國的自由文化區。

（2）在聯合國促成以一國多制或一區多國的模式解決區域衝突的通盤方案。（詳述於後）

（3）透過聯合國討論並通過自由文化地球國憲法。

這裡，三個國內的步驟與中國的不同，三個國外的步驟則與中國的相同。因此，如果中美兩東西方大國能一起推動此三個共同的國外步驟，則世人甚幸，地球和平不遠矣！

從五月花到自由文化地球國

美國夢從何而起？

公元1620年11月11日，載著第一批歐洲移民的五月花號靠岸於北美洲的鱈魚角時，船上102名新移民中的41名成年男子簽署了一份《五月花號公約》。這份公約成為美國日後所有自治公約中的首例，它的簽約方式及內容代表著「人民可以由自己的意思來決定自治管理的方式、不再由人民以上的強權來決定管理。」從此開創了一個自我管理的社會結構。

《五月花號公約》是這麼寫著：「... 我們飄洋過海，在維吉尼亞北部開發第一個殖民地。我們這些簽署人在上帝面前共同莊嚴立誓簽約，自願結為民眾自治團體。為了使此能得到更好的實施、維護和發展，將來不時依此而制定頒布，被認為是對這殖民地全體人民都最合適、最方便的法律、法規、條令、憲章和公職，我們都保證遵守和服從。」

其實，美國先民最初的目的十分單純，不是為了征服新大陸好建立一個強大的殖民地，而是為了宗教信仰，他們希望能住在一起，在同一個教堂裡敬奉上帝，為此才創立一個小社會。

嗯，這不正是我所說的文化區嗎？

記不記得咱們的《自由文化地球國憲法總綱》第2條？"自由文化地球國公民有依法和平成立、解散、縮小、擴張和自行管理文化區的權利和自由。"

美國夢的人類意義

《五月花號公約》簽約一百多年後，從自治社群到獨立國家，「聯邦憲法」於焉誕生，又經過不斷的增修，使它更符合美國獨立宣言的立國精神，並且與時俱進。

2002年時，有人做過統計，美國大約有3500萬五月花號乘客的後裔，約佔總人口的十分之一。如果說，美國美國，就是五月花結出的果，似乎也不為過。

在美國的「聯邦憲法」制定之前，世界各國的國家制度要不是自然形成的、歷史遺留的，要不就是由入侵者強加的，而美國卻創造了一個前所未有的方式，它的國家制度是由一群具有相同信念、追求共同夢想的人共同精心設計出來的。

嗯，記不記得咱們的《自由文化地球國憲法總綱》第3條？"自由文化地球國實行一國多制，即各文化區可依照其成立的宗旨，以自己偏好的價值觀或意識形態選擇已有的或創立獨特的政治經濟社會制度和生活方式，在其區內實施。"

美國聯邦憲法的產生過程證明了一件事：人類的理性能力確實可以設計出一個合理有效、具體可行的自治管理制度，小到社區，大到國家。

　自然，人類也絕對有能力創建一個由大大小小的自治文化區所組成的自由文化地球國！

　發揚了天賦人權思想的美國聯邦憲法讓美國人在自我奮鬥、努力實現個人夢想的過程中，充分釋放個體的潛能，終於在二十世紀造就出一個地球上的超級強國。

　不過，美國先賢的制度設計與他們的政治理想之間，仍然存在著一些問題，使得這個如今充滿自信到自以為是的超級強國走進了一個理想與現實運作相互矛盾的死胡同。其主要的矛盾點分別顯現在自身內部的多數美國人與少數美國人之間，以及對外關係的美國人與非美國人之間。而矛盾的結果則是，既讓自己困擾不已，也讓世界了無寧日。

　多數者的自由與少數者的自由畢竟是不同的。多數者獲得自由，也該讓少數者也得其自由。個人的自由與群體的自由也還是不一樣的。你美國人能逐夢，也要讓別人也能逐夢啊。

多數者的自由與少數者的自由

美國夢作為西方現代民主法治理想的實現者，是希望在國家的範圍內，以民意為基礎，建立一個清楚明白的共同規範（遊戲規則），讓每一個人在思想與行動上盡可能獲得最大的自由。

然而，某些理想或自由並無法由單一的個人來實現，而必須是一群人（比如說建立某一共產社區，或建立某一政教合一的社會等等）。植基於個人主義的美國夢便忽視了這種群體（實現理想）的自由。

舉例來說，在美國，個人可以有主張共產主義的自由（屬思想言論自由），但卻沒有以集眾行動來實踐共產主義理想的自由，因為這樣做即是顛覆現行體制，違反美國憲法，若搞武裝鬥爭，那就等於叛國了。

也就是說，美國憲法只保障你個人質疑或反對它的自由，但並沒保障你推翻它（集眾實現夢想）的自由，除非支持你理念的美國公民人數達到絕對多

數的修憲門檻，但這樣，不就剝奪了相對少數的人
群實現其共同理想、追求其認為之幸福生活的自
由？

　所以，多數者有自由，而少數者呢？

個人自由與群體自由

　也可以說，美國夢是以個人為單位，國家為範圍，
保障個體的自由，只讓人們擁有個人追求幸福的自
由，而忽略了（各個）群體共同追求幸福的自由，
當然，除了多數者的那個"群體"。

　因此，只有將美國夢升級為自由文化地球國夢，
也就是，以文化為單位，地球為範圍，讓個人成為
做決定的主體，自由選擇文化區，如此，才能不但
保障每個個體追求幸福的自由，也同時保障人們擁
有群體追求幸福、實現其共同價值觀或理想生活的
自由。

唯有群體的自由也獲得充分的保障，個人的自由才算得到了完整的保障，才是西方民主人權理想與美國夢真正而徹底的實現。

況且，也唯有以全球為範圍，對所有人類一視同仁，才可能達到美國獨立宣言所追求"人類皆生而平等"的境地。

美國人啊！

因此，美國人啊！你們該打破"西方普選式民主或美式民主才是普世價值"的迷思，承認自己的民主價值觀與制度並不是唯一的民主或自由的標準，尊重別人的文化信仰、價值觀與對民主或自由的定義權及實踐方式，這才是美國立國精神與美國夢真正的本質。

美國人啊！別再讓社會中的多數霸凌少數，你們該同時保障國境內的個人思想自由與集體的思想與實踐的自由。若不願更改現在的合眾國聯邦制，也還無法讓世界各國自由移民，那你們就該在情況需要時，劃出部分領土，准許國內持各種特殊信仰的各個少數群體另外成立一個一區多制的美利堅自由文化區。

美國人啊！別再將自己的幸福建立在別人的痛苦上。唯有人類社會中少數群體追求幸福的自由也獲得了保障，讓多元價值觀平等並存、人們皆得以各適己志，這種人類社會才有可能達到永續的和平。也只有世界獲得了永續的和平，美國夢才可能高枕無憂，而這，才真正符合美國人民最大的利益。

美國人啊！別讓亞伯拉罕‧林肯（Abraham Lincoln）的美國夢也不得不感嘆：「如果權利的有無，要看你是不是公民，屬不屬多數的話，對一個誓言人人皆生而平等的國家來說，不是很虛偽嗎？」

美國人啊！何不讓馬丁路德‧金恩（Martin Luther King Jr.）的美國夢也能夠升級成為：

I have a dream that one day this nation will rise up and live out the true meaning of its creed: "We hold these truths to be self-evident, that all men are created equal, American or non-American."

I have a dream that people will one day live in a world where their government instituting will not be judged by the number of the vote but by the unique content of their belief.

（我夢想有一天，這個國家將會奮起，實現其立國信條的真諦："我們認為這些真理不言而喻：人人生而平等，不論其是不是美國人。"

我夢想有一天，人們將生活在一個不是以選票的多少，而是以信仰的獨特性作為政府存在之評判標準的世界裡。）

美國人啊！在國家尚未消失之前，你們該盡美國之力，先協助聯合國建立一個清楚明白的全球遊戲規則（共同規範），讓每一個和平的國家在精神思想與行動實踐上盡可能獲得最大的自由，再促成人們皆擁有自由選擇國籍的權利。相信你們滿懷理想的建國先賢們，也會很希望見到你們推動自由文化地球國的實現。

　美國人啊！當年，五月花號載著你們的先祖，滿懷夢想，航向新大陸，期望建立一個自由自主的新家園。如今，你們可有更高的夢想，讓所有的大陸都變成人人平等、可以自由逐夢的樂土家園呢？

Oh, God bless not only America.
God bless the whole planet!

中國夢與美國夢哪個比較容易升級？

說完了美國夢，也說了美國人可以如何將它升級。

但以一神論為主要基因的美國，有可能改變嗎？有可能接受這種讓人類的多元文化價值觀並存共榮的想法因而將他們一直引以為豪的美國夢升級嗎？

我們都知道，左右一個國家的國際觀和外交政策有兩大因素：

1 意識型態
2 國家利益

後者往往可以壓倒前者。

文化基因與現實制度的影響

以意識型態而言，多數為一神論的美國人極易將其宗教上的一神論信仰延伸至其政治信仰，容易傾向相信自己的民主自由信念和實踐方式才是"普世的"價值與標準，因為一神論信仰者會很自然地認為唯一的上帝與真理當然是站在自己（信徒）這邊。所以，就像個傳教士一樣，美國人總喜歡向別人推銷自己堅信不移的"民主"。對傳教士而言，傳播福音可是神聖的職責。

相對來說，中國文化則沒有一神論的基因（外來的伊斯蘭教和基督教在中國的信奉者畢竟是少數），中國比較不愛干涉別人內政，這也是為何中國化之後的共產主義就註定不會再搞甚麼無產階級的世界革命了。中國人比較習慣的詞彙到底還是"和諧社會"、"互利共榮"、"大同世界"...。

所以，哪一個比較容易接受讓人類的多元文化價值觀並存共榮的想法呢？

再以國家利益而言，在當前的世界體系下，中國和美國當然都會以自己的國家利益作為外交政策的主要考慮，只是，美國的選舉制度使執政者必然被選票（也就是選民或利益集團的利益）所綁架，導致其外交政策，無論哪一黨執政，都跳不出國內的框框。

而社會主義中國施行一黨專政，所謂"國家利益"要怎麼定義是可以由黨中央共議之後拍板的，再透過教育和傳媒，讓全國形成"共識"，所以，相對來說，中國的執政者比較可能可以跳脫必然媚俗的選舉式民主政治結構下的國際觀與對外政策，而能夠以世界人類整體的利益來考慮。當然，"比較可能"並不表示"一定會"，而會不會就得看中共如何挑選黨員和領導者了。

因此，哪一個"比較可能"在一旦出現個具有世界高度的領導者時，可以說服國內人民，放大眼光，支持國家推動自由文化地球國這樣的人類理想呢？

　　儘管，不論中國還是美國，都有其崇高的建國理想，都有自己的國家（或執政黨）利益要顧，但若真要排除萬難，實現自由文化地球國的理想，以解放個人與群體的自由，真正說到做到"人類皆生而平等"，請問，哪一個比較可能呢？

一神論與"聖戰士"

　　前面提到從意識型態的角度而言，一神論者比較不適合成為多元文化新世界的主導者。事實上，恐怕也只有當一神論的國家（或文化區）皆解除了軍事武裝，世界才真正能夠和平。

　　怎麼說呢？而甚麼是一神論？

　　一神論（monotheism），指的是那些認為宇宙只存在一個囊括一切的神的宗教和思想。《大英百科全書》的定義是「相信一位神的存在，或是相信神的唯一性」。

目前存在於世間的三大一神教是猶太教、基督教（含天主教、基督新教和東正教）、伊斯蘭教，通稱為亞伯拉罕諸教，或是閃米特諸教。與一神教相對的是多神教與泛神論，它們分別相信世界上有不只一個的神或者世界上一切皆是神。

其實，猶太教、基督教、伊斯蘭教都源自同一個古老的 神教──崇拜宇宙唯一的造物主，只是信奉者對祂有多個尊名，基督徒和猶太教徒名之曰上帝、耶和華或雅威，伊斯蘭教徒則名之曰真主、阿拉。

就歷史而言，耶和華只是古猶太人（以色列人）的神。後來，由猶太教衍生而來的基督教被傳播到非猶太人為主的地區，比如羅馬帝國時期的歐洲和地理大發現後的美洲。加上後來的伊斯蘭教也在閃米特人所在的西亞以外的很多地區廣泛傳播，於是，古猶太民族的「神」耶和華隨著由其衍生而來之宗教的傳播，遂變成了所有信仰閃米特一神教教徒的神，儘管這些人群大多並不屬於閃米特民族。由於閃米特一神教的擴張性和排他性，在改信閃米特一神教的民族人群中，閃米特的信仰和神便取代了本民族人群原有的信仰和神，不少地區原有的宗教信仰文化因此消失，並且在其傳播過程中不乏暴力和歧視性政策。

猶太教、基督教與伊斯蘭教，大體來說，後者承認前者，但前者不承認後者。如基督教承認猶太教的摩西、不承認伊斯蘭教的穆罕默德；伊斯蘭教承認摩西及基督教的耶穌（雖然對耶穌的看法與基督教有異）；而猶太教則既不承認耶穌，也不承認穆罕默德。

雖然來源相同，三大一神教卻都認為自己理解的教義或信奉真神的方式才是純正無誤的，因此而導致信仰衝突，甚至宗教戰爭。就連同一個教都還再分不同的派，彼此為誰才是正統而爭執不休。某些比較激進的教派，就會鼓勵信徒拿起武器，被動或主動，為信仰而戰。

當然，並非所有信仰一神教的信徒都會拿著武器，強迫別人跟著信。但畢竟，相對於其他宗教，一神教信仰本質上的排他性，比較可能導致這類事情發生。

因此，當一神論與軍事武力二者相結合時，無論是出於自衛或是傳播神的訊息，"聖戰"與"聖戰士"的源源不竭，便是自然而然、理所當然而不足為奇的了。如果再將宗教信仰上的排他性延伸到政治信仰（比如，民主聖戰、民主的聖戰士），想想看，這世界能和平嗎？

反觀，世人大概很難想像中國人會拿起武器，跑到別人的土地上向別人強行推銷自己的大宗信仰——儒教（算不算是宗教都還有爭論）、道教、佛教，或是具有中國特色的社會主義。

一神論者解除武裝力量後的世界

當年，蘇聯曾經向世界輸出無產階級革命，別忘了，俄國人也是一神論影響下的民族。雖然共產主義否定宗教，但俄國一神教的信仰習慣卻自然會延伸到這個在當時全新的、教人熱血沸騰的政治信仰。

　　而當中國人也熱血地接受了共產主義之後，卻終究還是決定自己享用就好。以前說，井水不犯河水，人不犯我，我不犯人，現在說，請不同制度的社會彼此尊重人民各自的選擇。別說以武力向他人推銷具有中國特色的社會主義，就連在自己家裡，都能務實而包容地搞起一國兩制。

　　這就是為甚麼我說，當今世界的強國中，比較適合推動實現價值觀並存的多元文化新世界理念的國家是，不具一神論基因的中國。

　　若中國能運用智慧，按步驟推動，一旦在聯合國達成協議，通過自由文化地球國憲法，那些一神論國家（文化區）才有可能在自願的情況下，解除武裝力量。

　　在人以類聚的多元文化新世界裡，一神論者當然會繼續存在，依照信仰派別各自集中於不同的文化區，過自己的信仰生活，用和平的方式宣揚教義，以擴大其文化區，但不能讓他們有機會再度武裝，以武力去推銷他們的信仰，強迫別人也信。他們不必擔心無法自衛，因為在自由文化地球國裡，只有以維護多元文化和平並存為目的的世界政府可以擁有軍事武力。

　所以說，如果有朝一日，不具一神論基因的中國能夠成為主導者，世界比較可能和平。

一國多制或一區多國？建立聯合國的 SOP

區域性的自由文化國

兩個以上的國家可以用簽訂自由文化區協議的方式來結合成跨國的自由文化區，而一國之內則可以劃出部分地區成立自治的自由文化區，或者，自己轉型成一個自由文化國。

自由文化國是一種嶄新的國家型態，在名稱上，可將區域地名加在其前面，比如：中華自由文化國、美利堅自由文化國。

涵蓋全球的自由文化地球國憲法總綱是以區域性

的自由文化國憲法大綱為基礎衍生而得，以下便是自由文化國憲法大綱模型參考版。

一國多制的自由文化國憲法大綱

（參考條文第一版）

人綱

第1條

自由文化國是根據＜人以類聚的多元文化新世界＞的理論思想所發明的一種新的國家型態。

自由文化國是由國內各區域文化區所組成的國家，是在國家制度尚未消除以前的過渡性示範體制，其最終目標則是要在全球建立一個完全由各種文化區所組成的自由文化地球國。

第2條

自由文化國人民有依法和平成立、解散、縮小、擴張和自行管理文化區的權利和自由。

各文化區無論大小，一律平等，相互尊重包容。

第3條

自由文化國實行一國多制，即各文化區可依照其成立的宗旨，以自己偏好的價值觀或意識形態選擇政治經濟制度和生活方式，在其區內實施。

除全國的官方語言外，各文化區都有使用和發展自己的語言文字的自由。

第4條

自由文化國國會授權各文化區依照本法的規定實行高度自治，享有行政管理權、立法權、獨立的司法權和終審權。

第5條

人民有跨文化區遷徙、定居及工作的自由。

在各文化區定居的人數由自由文化國中央政府主管部門定期統計，作為定期重劃各文化區界線、增減文化區面積及資源的依據。

第6條

自由文化國的國會由各文化區選舉或推派一定名額的代表產生。

自由文化國的中央行政機關、司法機關都由國會產生，對它負責，受它監督。

第7條

自由文化國中央政府須負責規劃並提供所有人民（一）共同官方語言、發現自我、認識多元文化價值觀的基本教育課程。（二）國際與國內多元文化現況的訊息傳播。（三）成年公民每人一生至少兩次的跨文化區旅行或遷徙所需之基本交通費用。

第8條

各文化區的行政機關和立法機關由區內永久性居民依照區內自定義的有關規定組成。

第9條

各文化區依法保障區內居民和其他人的基本權利和自由。

第10條

各文化區可自行選擇所有制及分配制，但境內的公有土地和自然資源屬於文化區所有，由各文化區行政機關負責管理、使用、支配。

第11條

各文化區每年須貢獻一定比例之全年財政收入給中央政府，作為維持中央各機構運作之經費。其比例的合理性由國會決定。

第12條

各文化區的行政機關、立法機關和司法機關,除使用全國的官方語言外,還可使用自定義的正式語文。

第13條

各文化區立法機關制定的任何法律,均不得同本法相抵觸。

第14條

中央政府負責管理與各文化區有關的外交事務。

自由文化國外交部得在各文化區設立機構處理外交事務。

中央政府授權各文化區依照本法自行處理有關的對外事務。

第15條

中央政府負責管理全國的防務。各文化區政府負責維持自己區內的社會治安。

中央政府派駐各文化區負責防務的軍隊不得干預區內的事務。

各文化區政府在必要時，可向中央政府請求駐軍協助維持社會治安和救助災害。

駐軍人員除須遵守全國性的法律外，還須遵守各文化區的法律。

駐軍費用由中央政府負擔。

第16條

中央政府不得干涉各文化區行政首長和行政機關各級官員之產生。

第17條

　各文化區的立法機關制定的法律須向自由文化國國會備案。備案不影響該法律的生效。

　國會如認為文化區立法機關制定的任何法律不符合本法關於中央管理的事務及中央和文化區的關係的條款，可將有關法律發回，但不作修改。經國會發回的法律立即失效。該法律的失效，除文化區的法律另有規定外，無溯及力。

第18條

　在各文化區實行的法律為本法以及各文化區立法機關制定的法律。

　凡列於本法附件之法律，由各文化區在當地公佈或立法實施。

　國會可對列於本法附件的法律作出增減，任何列入附件的法律，限於有關國防、外交和其他按本法規定不屬於各文化區自治範圍的法律。

國會決定宣布戰爭狀態或因各文化區內發生區政府不能控制的動亂而決定該文化區進入緊急狀態，中央政府可發布緊急命令在該文化區內實施。

第19條

各文化區法院對國防、外交等全國行為無管轄權。

文化區法院在審理案件中遇有涉及國防、外交等全國行為的事實問題，應取得行政首長就該等問題發出的證明文件，上述文件對法院有約束力。行政首長在發出證明文件前，須取得中央政府的證明書。

第20條

根據自由文化國國會確定的名額，由各文化區居民自定義辦法選舉或推派該區的國會議員代表，參加全國最高權力機關的工作。

第21條

中央各部門需在文化區設立機構時，須徵得文化區政府同意。

中央各部門在各文化區設立的一切機構及其人員均須遵守該文化區的法律。

文化區可在中央政府所在地設立辦事機構。

第22條

各文化區除懸掛自由文化國國旗和國徽外，還可使用文化區自定義的區旗和區徽。

以解決伊拉克和敘利亞的亂局為例

美俄兩國一直在聯合國大會為敘利亞和伊拉克的爛攤子互推責任，爭論不休。

根據＜人以類聚的多元文化新世界的理論＞，要解決地球上因意識型態對立而導致難解的國內或區域衝突，以最終邁向自由文化地球國的多元文化新世界，在過渡時期，大致可以有兩種模式：（一）一國多制。（二）一區多國。

在大一統觀念很強的國家（如中國），較適用前者。否則，宜用後者（如中東或非洲地區的區域衝突）。如果以中東地區的伊拉克和敘利亞的境內衝突為例，當如何結束困擾已久且越演越烈的亂局呢？

由於當地的核心問題是宗教（或教派）認同，而且爭執各方已經水火不容到非致對方於死地不可的地步，因此，比較適合用一區多國的模式來解決。

不妨由中國出面倡議，在原伊拉克和敘利亞區域內以"個體公民自決"的方式，建立一個（暫定為）六國的自由文化區。方案如下：

一 按派分國

邀集該區域內目前各主要的教派勢力代表共同協商在原伊拉克和敘利亞區域內按教派人口分佈情況

初步劃分為六國：（1）什葉伊拉克國（2）遜尼伊
拉克國（3）什葉敘利亞國（4）遜尼敘利亞國（5）
伊斯蘭國（ISIS）（6）庫德國。

二 國籍自決

原伊拉克和敘利亞公民可在上述六國間自由選擇
一個新的國籍身分（以後，也可以自由申請再轉換
國籍身分）。

三 自由居住

原伊拉克和敘利亞公民可以自由選擇居住在自己
新選擇的國家（六國之一）。如果現居地並非位於
新選擇國之國境內且又不願遷居者，也可選擇繼續
留在原處居住，但僑居另一國者沒有該國的公民權。

四 各國面積

六國在原伊拉克和敘利亞區域內的面積大小由各
國最後的實際公民總數來決定。

五　彼此關係

六國自行決定彼此間的政經關係，可以互簽自由貿易協議，甚至可以彼此自由進出及遷居，或建立盟國關係。

看來，恐怕也只有這種"個體公民自決"、人以類聚的和平解決方式，才能讓該地區人民各自獨立，各遂所願，促成各種教派互相尊重，和平共存，互利多贏。

回到多元文化新世界的理論，其實，這種個體自決、人以類聚的方式，可以普遍應用於全球，以"一國多制"或"一區多國"兩種模式逐步建立起各地的自由文化國或跨國的自由文化區，最終便是自由文化地球國。

至於為何由中國來出面呢？因為目前在世界幾大強國中，只有中國在該區域的衝突中，維持著比較中立的立場，因此，會比較具有公信力，由中國來提案會比較容易獲得該區衝突各方的接受。

這是舉當前地球上一個因意識型態對立而導致的區域衝突為例。那麼，以自由文化地球國為遠景的話，如何建立一個當前關於這類區域衝突的通盤解決方案呢？

這可以從一國內部的憲法或是聯合國的國際強制干涉兩個角度來切入。

關於走向人以類聚的多元文化新世界的做法，前面曾經提到，在過渡時期，大致可以有兩種方式：（一）一國多制。（二）一區多國。前述一國多制的自由文化國憲法大綱是針對前者所設計，這回，也從法律面來說說後者。

從黨派惡鬥的一國多黨到和平共榮的一區多國

－多黨制國家憲法關於國號與國土變更的增補條文

當基於不同價值觀的各方黨派政治勢力在一個國家內各擁群眾，相互鬥爭，達到非理性甚至是武裝衝突，而且情況幾乎無解時，要如何從黨派惡鬥的一國多黨合法地轉變成和平共榮的一區多國呢？

一國之內，不妨參考如下的修憲條文。

多黨制國家憲法關於國號與國土變更的增補條文：

當國家內部的各主要政治團體陷於難解的政治爭議而導致長期內耗空轉或武裝衝突時，得由至少在一個人口超過全國總人口百分之一的地方行政區執政的政黨提案，該政黨至少一上述執政地方行政區全區公民過半數聯署，提出實行一區多國的公投案。

至少在一個人口超過全國總人口百分之一的地方行政區執政的國內各政黨須在公投中提出自己主張的國號，此國號可與現行國號相同或不同，由全國公民在公投中無記名投票，自由選擇國號。

若至少有任一人口超過全國總人口百分之一的地

方行政區的全區四分之三以上之公民或十分之一以上的全國投票公民投票選擇一個與現行不同的國號，即是一區多國的公投案通過。

公投案通過後，由各政黨按各國號在公投中所得票數的比例為基礎，共同協商國界劃分事宜。但得票數未達總投票數千分之六的國號不得參與劃分。

國界劃分後，原公民自由選擇國籍，並得自由遷徙新居地。

區域各國得相互協商建立友好的（或自由文化區模式的）鄰國或聯盟關係，和平共榮。

實行一區多國後，本憲法在續用本憲法之國號的國家繼續施行。

建立一個聯合國的 SOP

想想看，目前正陷於嚴重內戰的伊拉克和敘利亞，以及地球上許許多多類似的國內衝突（烏克蘭、埃及、利比亞、奈及利亞、菲律賓、泰國、委內瑞拉⋯），如果在該國憲法內有這麼一條的話，對於激烈難解的政治對撞，便有了一個無需革命政變或武裝叛亂便可以和平地打開死結的體制內合法的解決方法選項。

形成一區多國的區域各國若能建立一種友好的聯盟關係，讓人民可以相互自由遷徙，自由轉換國籍，乃至定期按各國最新人口數重新協商新的國界，那便是自由文化區的最高理想了。

不過，按如此的解決方式，這地球上的國家不就會越分越多了嗎？

別忘了，以更多大大小小、繽紛多元的文化區來取代傳統由僵硬的國界所形成的少數國家，正是建立人以類聚的多元文化新世界的目的。

所以說，除了一國多制的自由文化國，這種基於個體公民自決理念所產生的一區多國解決模式，也是從現今世界過渡到未來自由文化地球國的一種方法。

但是，如何要那些已經水火不容、打成一片的國家的人民能好好坐下來談修憲呢？

這就不得不由目前還算可以運作的聯合國來出面了。

聯合國應該依照自己建立的宗旨主動介入，由大會或安理會討論，依照上述個體公民自決的原則與做法，將陷於嚴重黨派惡鬥的內戰國家，和平合法地轉變成和平共榮的一區多國。並且，在實踐中逐漸形成一個解決區域衝突的共同準則，也就是建立聯合國的SOP（標準作業程序）。

至於，是要以促成修憲或是前述邀集衝突各方來按派分國然後國籍自決的方式來協調解決，則可由聯合國依該地區衝突的性質與實際情況來選擇。

民主：從人民群體做主到人民個體做主

人民群體能做啥主？

民主民主，多少霸凌假汝之名以行？民主民主，人民如何才算自己真的做了主？

想想看，是社會多數人幫你決定的制度比較好，少數社會菁英幫你決定的制度比較好，還是由你自己決定的制度會比較好？

如果每一個人民個體可以自由自主地選擇自己認為最理想的制度與生活方式，這不才是真正的民主、真正的自由？其他無論哪一種強加於個人的制度都必然會顧此失彼，而不可能令每個個體都滿意。

因此，民主的"民"應該從"人民群體"改為"人民個體"。請問，人民群體要怎麼"主"？無論是多數決式"民主"或是菁英式"民主"，直接民主或是間接民主，有哪一種產生出的領導人與政策是能讓其所有的"民"都覺得是自己完全做了"主"呢？最好的情況不都是在妥協之後，不滿意也得接受？

如果說，有選票便能自己做主？那怪了，為什麼在採用選舉式民主的社會裡，總有一大群人覺得自己明明很"自主"地去投了票，可是選出來的，卻恰恰是自己最不喜歡的人？而且，這所謂的"一大群人"，有時候可是接近選民的半數，甚至更荒謬的是，有時候（比如在相對多數制的情況），還可能是過半數的選民呢。

事實上，選舉式民主所產生的問題，可說不勝枚舉（有另文探討）。

因此，利弊互現的選舉制度與多數決，只能當做是人類眾多制度中的一個選項，而不應該是一種"普

世的"制度。它在形式上甚至實質上是不是果真符合
其擁護者本身所追求的"民主"理念，恐怕都值得深入
探究，更遑論它就等於民主。

如果要從字面上來說，恐怕，由人民個體自己做
主還比由多數人民替你做主來得更符合"民主"的真
諦。

人民個體如何自己做主？

那，人民個體如何才能真正自己做主？甚麼樣的
世界才能達到人民個體自己做主呢？

在我所提出的自由文化地球國的新世界裡，"人民
個體"做主的方式有兩種：（一）人民個體自己做主要
不要聚集（或參與）志同道合者成立自己認為理想
的文化區。（二）如果不願或無法成立自己理想的文
化區，那就由人民個體自己做主選擇一個最符合自
己理想的現成的文化區去居住。

　　大概也只有這種多元文化並存、個人自由選擇的世界能夠達到人民個體自己做主的"民主"理想，而且，可以選擇的文化區選項越多越細，就會讓各個個體越容易找到自己真正滿意的制度或生活方式，也就是說，就越能讓人民個體接近完全的滿意。所以，我說，無論大小類別，人類的文化區越豐富、細緻、多樣越好。

　　當然，由各種大小類別的文化區組成的自由文化地球國還是個頗遙遠的理想境界。在既缺乏全球效率又必然製造矛盾衝突的國家體制尚未消失前，無論是一國多制或是一區多國，便是讓人民個體真正能夠自己做主的第一步。

甚麼是"普世價值"？

　　這世界存在甚麼"普世價值"嗎？或者，也不過只是某種比較強勢或流行的意識形態，某種被強加的文化價值觀（或文化形式）罷了？

同樣的，"普世"啊"普世"，多少罪惡假汝之名以行？誰有資格來定義哪些價值乃普世的？

既然強調價值觀的多元與相對，在多元文化新世界裡，若有所謂的普世價值的話，那麼，唯一的普世價值就是：這世界不該有甚麼"普世的"價值（這話聽起來似乎有點套套邏輯）。

簡單來說，在多元文化新世界裡，強調價值相對論，也就是對不同價值觀的絕對的尊重與包容。換句話說，尊重和包容所有被人們真誠信仰的、自以為是的所謂"普世價值"。

即使是互相矛盾的信仰或意識型態，也該讓它們並存於世，讓它們都可以有自己存在的空間，以供現在或未來的人們自由選擇。

因此，甚麼才是"民主"、"自由"、"人權"、"正義"、"平等"、"尊嚴"...呢？就讓不同的詮釋與實踐都各自有機會在世上被呈現、被實驗與被選擇吧。

只是，如何建立一套遊戲規則（共同規範），好讓不同的（甚至可能是互相矛盾衝突的）價值觀及由其衍生出的文化區，可以平等共存、和平競爭、自由消長呢？這恐怕才是關鍵。

關於建立一套這樣的遊戲規則，我已經起了個頭，在一國之內的，是〈自由文化國憲法大綱〉，在全球的，則是〈自由文化地球國憲法總綱〉，算是拋磚引玉吧。

政黨輪替的普選式民主制度所伴隨的流弊

為了打破"普選式民主才是真民主、才是最好的政治制度"的神話，我們可以輕易地從理論或實踐中找到這種制度伴隨而來的流弊，有些流弊甚至嚴重到與其所追求的"民主"理想本身，形成了根本性的矛盾。

在野者容易流於為奪權而反對

在野黨永遠要扯執政者的後腿，因為只有執政者執政失敗，在野黨才有翻身的機會。因此，在政黨鬥爭時，政黨利益的考量極易凌駕國家人民的利益之上。特別是在將成功視為一切（比如"成王敗寇"觀）的文化價值觀社會中，從事政治的人以獲得權力為唯一的努力目標，此種現象會更加明顯。所謂忠誠反對黨變成了對政黨本身利益永遠忠誠的反對黨。

被分化的社會成了政黨競爭的必然產物

為了爭取支持和認同，各政黨必然會努力地分化社會，製造並渲染矛盾，然後利用不滿，來鞏固自己的基本盤群眾，或運用一切話語權，將自己變成是多數，將對方打成少數，以獲取較多的群眾支持。選舉時，為求勝選，不惜動員以仇恨為動力的選票，兩個互鬥的政黨極易將整個社會捲入幾近是全面性的敵我鬥爭，使原本還算和諧的社會被激化成兩極對立的兩派惡鬥。尤其，當負面選舉的運用，在某些文化的價值觀中可以沒有底線時，為打贏選戰而兵不厭詐到不擇手段，遂導致此種惡性循環的兩極對立持續到整個非選舉時期，社會因而走向政治上的M型社會，從此，只論黨派立場，不顧客觀是非。

至此地步，則任何與黨派立場有關的政治或社會議題都會失去理性討論的空間。

政治運作缺乏效率

反對黨為了自身的政治利益，極易利用所謂程序正義來達到其反對法案政策和阻撓執政者順利施政的目的，於是，無論哪一方執政，政策推行之經常缺乏效率，便成為普選式民主國家的正常現象。

必然淪為作秀、包裝與操作選舉的政治

在幾個大家都不認識的候選人中，人們習於選擇知名度較高的候選人。因此，媒體的高曝光率，便成為選舉型政客競相追逐的目標。甚麼樣的人容易吸引鎂光燈呢？外表好看、能說善道、善於包裝或製造戲劇性衝突而提高媒體閱聽率者。於是自然形成一種商業媒體與作秀政客互利共生的民主奇景。然後，媒體風向往往決定了多數選民的投票意向，善於操作選舉的，甚至會製造選前的突發事件，然後利用媒體傳播與煽動的力量，鼓動民粹，使民意瞬間的風向在投票日當天左右選舉結果。畢竟，整

天民意高掛嘴邊的普選式民主，真正具決定性的，卻只是投票日那一天的"民意"。深諳媒體操作之道的做秀型政客容易暴起，也容易患大頭症，甚至真以為只要能左右媒體，便可以在這種選舉制度中呼風喚雨，無往不利，於是，一旦掌權後，極易走向權力的傲慢、偏聽、貪腐...。

容易流於財團操控的金權政治

選舉需要經費，政黨與政客極易向財團靠攏，導致政策被利益集團綁架。至於自己出資的，羊毛出在羊身上，花了大錢才選贏的，也自然要將本求利。於是，金與權二者相輔相成，在普選式民主政治裡，也是極順理成章、符合市場經濟法則之事。

政黨與媒體恐怕才是真正的"選民"

在普選式民主政治中，主要政黨的黨員、黨代表或高層決定了選民在選舉中有限的選項（所謂少數的幾個蘋果），而主要媒體的老闆或高層的立場與決策，以及記者的個人立場與好惡，則可以決定這些少數選項中，哪一個給人們留下的印象比較好或比較壞（有如經過修圖軟體處理過後的蘋果照片）。此外，在相對多數決的選制中，大黨只要成功營造出比較激情的對立，便可利用選民為了不讓令其更痛恨的對手方當選而必會投票給己方被認為較有可能當選的提名者的心理（即所謂"操作棄保"與"含淚投票"等違反投票者真正意願的民主政治怪象），來更加鞏固人黨本身的決定權（也就是說，大黨不管提名甚麼人，都吃定其支持者最後一定會"顧全大局"地投票支持）。又由於絕大多數的選民都不可能有親身與候選人實際共事相處（甚至是見面）的機會，自然給了媒體形塑候選人形象或印象的極大空間。最後，大多數與候選人本人根本素昧平生的選民只能根據這些被塑造出來的候選人印象來投票。所以，在普選制之下，真正有能力決定一場選舉（特別是大選區選舉）有甚麼人可選以及其輸贏大勢的究竟是誰呢？一個決定了選項，一個決定了印象，政黨與媒體恐怕才是選舉式民主中真正的"選民"，而非只能被動接受選項與訊息的一般人民。一般小老百姓在選舉當天的那一張"看似自主"的選票可能不過只是大勢早已底定下的橡皮圖章罷了。因此，民主民主了半天，到底是誰在做主呢？

淺碟的施政風格與政治文化

為求固盤連任，執政者容易傾向只顧國內部分選民或支持者的利益，考慮的是選票，而非大局或理想。為了配合定期的改選時程，執政者被迫必須非常在意短期間內容易被選民看見的施政成果或表現，而忽略社會長期的根本利益。而且，政黨的輪替執政導致政策隨執政黨頻繁更易，不利整體目標的長期規劃。政策的反覆經常造成金錢與資源的浪費，也成為投資者必須顧慮的風險因素。

人民對自己的選擇往往很不滿意

媒體極易被利用或主動興風作浪，助長甚至定型化社會的分裂。在各政黨分化社會的過程中，媒體扮演關鍵性推波助瀾的角色。普選式民主國家通常標榜媒體與新聞自由，立場不受政府控制。但商業電視台成立的目的，不是為賺錢營利，就是為某政治或財團勢力服務。後者就不用說了，當然以打擊對手、挑撥分化為能事。即以前者而言，在商言商，為了收視率，在處理民間團體或反對黨與執政者衝突的相關新聞時，比較傾向站在執政者的對立面，因為媒體很清楚，必須讓在權力上相對處於弱勢地位的一方藉由媒體壯大聲勢，才能使衝突雙方較為勢均力敵，對觀眾而言，才會比較有戲劇性張力，以刺激其閱聽率。有人說，在西式民主國家，媒體是第四權，乃永遠的反對黨。因此，再好的領導者，到了任期末尾，在多數媒體習慣性的反對下，民調滿意度通常都不會高。形成民主政治裡的一種常見現象：人民自己選擇的領導人，結果，人民自己卻往往很不滿意。

政黨輪替不過是意識型態壓迫者與受迫者的輪替

這在兩黨輪流執政的社會裡，尤其明顯。兩個大黨努力地以意識形態與相關利益把社會分成了兩群人，輪流執政遂變成了輪流壓迫或輪流受迫與輪流得志或輪流鬱卒（苦悶）。這一點，在前文＜人以類聚的多元文化新世界＞裡已有詳論。

不必人云亦云地將普選式民主制神聖化

　以上只隨手便能列出一堆普選式民主顯而易見的流弊，還有其他眾多因為選舉或議事的制度而產生的畸形怪象更是不勝枚舉，有些甚至會在實質上演變成少數統治多數的反民主結果。

　這些普選式民主所產生的流弊，或許有些是可以在實踐的過程中不斷修正，加以避免或減輕的，有些則是天生的、邏輯上必然的，也就是普選式民主的一體兩面，是不可能不伴隨發生的。

　我這樣說，倒不是認為普選式民主一無是處，而是說，普選式民主並沒有許多人所吹捧的那麼完美，那麼絕對，那麼的"普世價值"。打從希臘的雅典城邦起，它不過就是眾多利弊互現的人類制度中的一種，只是被現代西方民主政治起源地的一神論者給長期神聖化了。這種神聖化，可能是無意間自然而然的，也可能是刻意而有其目的的。那些普選式民主的後繼採用者，無論是否一神論者，對此制度的利弊得失應該要有自己獨立反省判斷的能力，不必人允亦允。

　無論如何，普選式民主當然也有其不少的優點，最明顯的一個好處——社會因沒有絕對的威權所導致的比較"肆無忌憚"的創意。當然，這是相對而言。普選式民主社會裡的創意也可能被同時採用的資本主義經濟制度裡的市場因素所拘限。至少，在這種社會裡，人人可以沒大沒小地反任何形式的權威。在政治上，人人可以痛罵領導，而且，在此制度下，政治領導人會比較低聲下氣（特別是在選舉期面對選民的時候，裝也得裝出來）。這當然會讓小老百姓在心理上獲得一種阿Q式的地位與尊嚴的平衡彌補感，因而會感覺"很爽"，更別說還有一種自己似乎能決定政治領導人是誰的（自慰般的）"幻覺"。或許，光憑這兩點，就足夠讓許多人對普選式民主心醉神迷而自嗨不已了。

　　總結來說，若脫去了那層被硬披上去的神聖與普世的外衣，普選式民主也不過就是一種可供選擇的人類政治制度選項。至於喜不喜歡這種"熱鬧紛擾"、"至少自我感覺良好"的制度與生活方式，自然也是會因人、因文化而異。更別說西方普選式民主本身經過各地採用之後所產生的各種本土化的在地變種，就已經說明了它絕不可能是一個神聖不可侵犯到可以完全移植的一成不變的制度。

　　一切又回到了本書的核心概念：最好的制度就是讓各種制度通通並存，並且，賦予世上每一個人選擇權，准許每一個人可以按照自己的基因，自由選擇最適合自己的制度過活。

自由文化地球國的先行示範

〈人以類聚的多元文化新世界〉是自由文化地球國的思想基礎，〈自由文化地球國憲法總綱〉則是它的具體運作方式，接下來，就說說它最有可能的先行示範：中華自由文化國。

自由文化國是一種一國多制的國家型態，所以，就從中國的統一問題說起。

從各方的角度來看統獨的僵局與困境

關於台灣與中國大陸的統一，在2016年台灣大選之前的情況，簡而言之：

國民黨：不願統，不想獨。
共產黨：不准獨，不急著統。
台灣大多數人：維持現狀，以後再看情況。
大陸大多數人：維持現狀，最終還是該統。

2016年台灣大選之後，民進黨執政，情況有些變化，但仍可簡而言之：

民進黨：不准統，現狀就是獨。
共產黨：不准獨，看情況準備統。
台灣大多數人：維持現狀，不想被統一。
大陸大多數人：維持現狀，該統時就統吧。

可見，2016年起，台灣與中國大陸的統一問題已經進入了矛盾加劇而迫得彼此皆必須認真處理的階段了。

依照本書的觀點，若以多制一國的架構來談判統一，既可解決兩岸面對的統獨困境，也才是最符合中華民族及人類利益的中國統一之路。

其實，在面對統一這個問題時，大多數台灣人最害怕的是，統一會改變他們目前的制度與生活方式。

共產黨不是沒有能力統一台灣，而是怕已經習慣西方普選式民主的台灣會帶來麻煩。

大陸與台灣的關係，不管兩方如何宣稱，目前的實際狀況就是：不統不獨，要死不活。

原本，如前所述，台灣不想被統一，而除非萬不得已，中共恐怕也寧願繼續容忍這種半獨立的獨台狀態，因為，如果吞下了這顆海角的一大苦果，還真不好消化。既很難改變台灣人已有的民主制度，又不願讓台灣成為內地部分人羨慕或必然要求有樣學樣的"省份"，有礙穩定發展（君不見香港就已經夠令人頭大了）。所以，只要不明獨（法理獨立），就繼續讓它屬於"境外"的中國一部分吧。

既然大家（包括美國）都不想自找麻煩。因此，半獨立的獨台狀態，會在兩岸都默許及容忍接受的狀態下，持續下去。

當然，2016年之後，隨著兩岸內部情勢的改變，各方原本的這種"默契"是否還能繼續維持就難說了。

台灣的統獨七派

從台灣這方來看，台灣內部的統獨意識形態目前（2016）大致可以區分為七派：

(1) 理想台獨派－台灣是個主權獨立的國家，她的名字應該叫台灣共和國。

(2) 務實台獨派－台灣是個主權獨立的國家，她的名字叫作中華民國。

(3) 華獨派－中華民國是個主權獨立的國家，她的主權與治權都僅及台灣。（類似務實台獨派，只是披了一層藍皮）

(4) 不統不獨派－中華民國是個主權獨立的國家，她的主權包含大陸，治權僅及台灣，希望一直維持不統不獨的現狀下去。

(5) 中華民國統一派－兩岸同屬一個中華民國，希望三民主義統一中國。(也可稱為理想統一派)

(6) 對等統一派－兩岸同屬一個中國（國號應該協商），希望共同找出一個最好的、彼此都能接受的統一方式。(也可稱為務實統一派)

(7) 中華人民共和國統一派－兩岸同屬一個中華人民共和國，統一的方式就是一國兩制。

民進黨內部只分兩派（理想台獨派與務實台獨派），而國民黨內部竟然分四派（從華獨派到對等統一派都有）。最離奇的是，雖然國民黨人都言必稱中華民國，但其內涵是不一樣的，換句話說，在一個國民黨內，其黨員在心理上的國家認同是不一樣的。可政黨不就是政治理念與主張相近的人成立的組織嗎？像國民黨這樣在一黨之內的國家認同竟然是一國各表的，還真堪稱是政黨政治之天下奇觀啊。

現在就來分析一下這七派的前途。

前三派（理想台獨派、務實台獨派與華獨派）本質上都是獨派，只是使用的國號或表述方式有所不同。全面執政的民進黨又有四年可以玩這個遊走戰爭邊緣的遊戲。但無論民進黨的文字遊戲玩得是否高超絕妙，最後決定要不要攤牌與甚麼時候攤牌的一方都還是中共。（民進黨當然也可以勇敢地主動攤牌啦，只是，他們對於"手段"和"目的"是區分得相當清楚的。所以，拿到權力後，他們就會非常非常地"識實務"。）

不統不獨派以往被中共定位為"獨台"或 B 型台獨，長期來講，中共一樣是不能接受，只是跟前面傾向法理台獨的三個獨派比起來，這種半統半獨派還算可以暫時容忍一下，然而，甚麼時候不再默許（或甚麼場合不會容忍）"一中各表"，也是由中共來決定。所以說，以維持這種現狀為政策，雖然無奈，卻是很駝鳥的。"表"得了一時，"表"不了一世。結果，不但給民進黨嘲笑得左右逢源，也讓自己的論述在邏輯上就進退失據。

至於三個統派（理想統一派、務實統一派與一國兩制統一派），第一個統派，理想統一派，會說它"理想"，就是因為它跟理想台獨派一樣，是不大現

實的。想想看，要中共改採台灣的這一套制度，讓
你給統一？可能嗎？除非國軍反攻大陸吧。

　　第三個統派，一國兩制統一派，是中共理想中的
和平統一方式，卻不是大多數台灣人民願意接受的
統一方式（至少目前不是）。但中共相信，再過二三
十年，台灣人就會願意，所以他們說，中國的統一
取決於國家的富強進步。

　　最後剩下第二個統派，務實的對等統一派，雖然
不是中共的理想，卻是可以接受的，只看雙方各自
願意讓步到甚麼程度。

　　因此，綜上所言，台灣內部的統獨七派，三個只
能喊爽的獨派與鴕鳥式的不統不獨派，還能繼續玩
多久模糊的文字遊戲，何時會面臨攤牌，事實上都
是由中共決定。至於三個統派，一個是不現實，一
個是台灣人民不願意。

　　結論，所有台灣這邊的統獨解決方式中，只有務
實的對等統一派，是兩岸都可以接受、讓雙方有談
判交集、且主動權比較可以操之在台灣這一方因而

得以爭取到本身較大利益的解決方式。

統一的三個歪招和三個正辦

　　從大陸這方來看，真要解決統一的問題，大概有三個歪招和三個正辦，先說歪招。

　　第一招，大陸自己主動將國號改為中華民國。台灣肯定不敢再改新的國號，兩岸不就一國了？關於這一絕招，請看本書末尾附錄的專文＜如果大陸正名回中華民國＞。

　　第二招，大陸不改國號，但在名稱上將台灣地區改為"中華民國保留區"，在法理上，"授權中華民國保留區可持續採行自己的制度與政策"。當然相對地，就讓台灣自己去將大陸地區改為"中華民國社會主義實驗區"，也是在法理上，"授權中華民國社會主義實驗區可採行自己的制度與政策"。（如果大陸接受所謂"一中各表"，這或許便是海峽兩岸最合理的各自表述方式）。

第三招，在台灣地區公開組織共產黨，按台灣地區法律登記、發展、參加選舉，一旦取得執政權或立法權，便可以名正言順的與大陸的中國共產黨和談統一（兩個共產黨的不同在於，大陸的堅持一黨專政，台灣的則接受多黨競爭，參加選舉。事實上，自從"人民團體不得主張共產主義"這一條從台灣的法律中刪除後，已經有人登記成立"台灣共產黨"、"台灣民主共產黨"和"中華民國共產黨"了，只是都沒有活動，徒具虛名。台灣地區的共產黨，只要能進入立法院或在地方縣市執政，就算只是第三大黨，也必將使台灣的政治生態發生質變）。

以上三個歪招，大家不妨自己去想像，現在就來說說真正主流的三個辦法。

主動武力統一，是大陸鷹派向來的主張，卻非大多數海內外中國人所樂見，這個辦法就不說了。

辦法一，接受目前這樣不統不獨的獨台狀態，持續和平交流，再等大陸繼續穩定地勵精圖治個二三十年，一旦大陸整體達到甚或超越美日歐的水平時，一方面，國際的阻力相對降低，二方面，習於"看情況再決定"的多數台灣人也會比較願意接受統一，如此，自然水到渠成（這似乎也是中共目前比較願意採取的政策）。

辦法二，大陸運用一切可能的力量，平衡目前台灣的學校教科書與大眾媒體的去中和反中的傾向，使得與大陸相關的歷史教育和新聞報導、社群網絡訊息不致長期一面倒地醜化中國，至少應該做到有比較客觀或平衡的敘述與報導，否則，長此以往，其後果應該不難想像，特別是對台灣未來世代年輕人的影響。民進黨在這方面可說是長袖善舞，如魚得水。不知道一路挨打的"中國"國民黨現在是否已經真正搞清楚狀況了？

大陸方面應該好好想想：為何和平交流、讓利了半天，台灣人心反而越走越遠？

或許，看了2016年的台灣大選結果後，中共已經有了新的對台策略。

包括武力統一，無論以哪一種方式統一，主動統一或被迫統一，中共都得要面對一旦真的統一之後，如何讓台灣以及整個中國可以長治久安的大問題。台灣可不同於香港啊。

於是，總結來說，最好的統一方式，應該是這最後一個辦法。

辦法三，以多制一國的架構，在適當時機，促成統一談判。

而這也就相當於台灣統獨七派中務實的對等統一派。

詳論如下。

中國統一的最佳方式

一國兩制的升級版：多制一國

如何架構一個多元而包容、既能維持大一統，又能發揚區域個性與創意的中國？

關於中國統一的七點主張：

1 中國原本便是一個兼容並蓄、廣納萬方的中道之國，中華民族也一直自認為是一個愛好和平、以天下為公、世界大同為理想的民族。為了充分發揮中華民族的智慧及創意，最終實現民族的理想，為人類世界開創一解決政治分歧的典範，也為了避免因追求或維護國家統一而瀕臨的戰爭及境內的民族衝突，在目前以具有中國特色的社會主義為主要體制的大形勢之下，大陸應該尊重台灣、香港、澳門（以及未來可能更多的新成員）的人民意願，根本而制度性地納入不同的政經體系和發展模式，以"多制一國"的方式完成及維護中國的統一。因此，此"多制一國"的概念，不是一方容許或批准下的多制（目前的思維），而是由多制共同組成的一國。

2 台灣，近則為了本身，中則為了全體華人，遠則為了世界人類，應以上述原則主動與大陸進行統一談判。否則，各方皆可於適當時機採取行動，以某種對兩岸及整體中華民族傷害最小的方式，促成此多制一國的談判。

3 兩岸協商，按照合法的程序，將多制一國的原則堅定而具體地納入統一的中國憲法，讓不同體制在一個多元中國之內的持續存在與相互尊重獲得憲法的保障。

4 為使多元中國的新成員地區的人民安心，並保障各方的權益，在將多制一國的原則具體納入中國憲法時，須同時明定，爾後任何涉及多制一國的修憲案，無論由何方提出，皆採共識決，亦即，必須獲得不同體制地區（如：社會主義區、三民主義區、港澳資本主義區…）每一地區的過半數公民同意，始得通過（按現行體制，社會主義區由人民代表大會的過半數代表同意）。無論人口多少，只要未獲多制一國任何一成員地區的過半民意同意，便不得通過。

5 在多制一國運作成熟多年後，中國中央政府可更有自信地在社會主義地區的部分省市地方行政區逐步推行高度自治，讓廣大而復雜的國土各地充分發展自身的政經及文化特色，使中國朝向一個"道並行而不相悖、萬物並育而不相害"的自由文化國過渡。屆時，各種體制與文化皆可在中國境內自由創造、和平共榮。而首先能夠讓不同意識型態、政經體制與文化生活共存於一國之內的中國，必將成為世界各國解決衝突及人類追求永續和平的表率與典範。

6 以傳統上比較中性而包容的"中國"（英文則可稱為Central Republic of Free Culture），作為統一後的國號，既符合中華民族的民族性，也有作為世界典範之意，是較佳的選擇。而以"中華民國"做為國號，則能顯現大陸的決決大度。當然，基於現實，如果大陸多數人民仍然堅持使用當前"中華人民共和國"的國號，則在新成員地區的中文稱號上，應盡量予以包容。比如：台灣地區可稱為三民主義（文化）區、民國（文化）區。除涉及全國事務者另行於憲法中商妥外，區內一切按原有方式照常運作發展。大陸地區則可相對地稱為社會主義（文化）區。在新的憲法通過後，即使是維持國號為"中華人民共和國"的中國也不再是社會主義國家，而是多制一國的中國。

7 為使中華的和平統一盡快順利完成，各區協力復興，各方應捐棄歷史及黨派成見，大陸人民及中國共產黨不妨展現以大讓小的泱泱氣度與風範，發揚原"一國兩制"的智慧創意，實現更加多元包容的"多制一國"體制，使民族不再內鬥，人民有更多元的價值觀與生活方式的選擇，國家則可因海納百川而更加繁榮昌盛，也讓一向主張和而不同的華夏文明帶領世界走向一個讓人類因不同價值觀而產生的各種政經社會體制可以和平共處、相互提攜的全新境界。

一道解決了大陸與香港之間的問題

以上，便是最符合中華民族及人類利益的中國統一形式。

對中共而言，統一之後，若有人還說"為什麼同在一國，他們可以普選領導人，我們就不行？"便可理直氣壯地回說"因為我們是個多制的國家"。

只要大陸還堅持統一，這恐怕也是最立即可行的
和平統一方式，而且，由於兩岸實力的不對襯，主
動權操在大陸。只要大陸拍板，再加上積極的作為，
以台灣人務實的民性，既然"害怕統一會改變其制度
與生活方式"的憂慮可以因為有了憲法的保障而使心
頭的大石頭落了地，在權衡利害得失之後，必然會
願意走上談判桌，完成兩岸的統一。

唯有這個辦法真正可以解除兩岸各方對於統一的
主要顧慮，台灣不必再害怕是"被統一"。中共也
無需再顧慮兩岸統一之後，井水會不會犯到河水，
從而一起走出長期以來只能"不統不獨"的無奈困境。
並且，符合各方對於追求雙贏或多贏的期望。

自然，這方法也可以一道解決大陸與香港之間目
前存在的主要問題。

大陸方面總是擔心"一放就亂，一抓就死。"而
以多制一國的方式維持統一的中國，不會再有甚麼
"該不該放"或"要不要抓"的惱人問題了。

至於以這種方式統一的中國將來能不能過渡成一

個理想型態的"中華自由文化國"（自由文化地球國的
先行示範），讓廣大而復雜的國土各地充分發展自
身的政經及文化特色，現在來看，似乎還言之過早，
但在多制一國的體制運作成熟多年之後的中國呢？

兩岸各政黨可以怎麼做？

中國共產黨的步驟

說到現在，再總結一下中國共產黨可以採取的步驟。

社會主義中國帶頭將世界統一成為自由文化地球國的國內外步驟：

國內

1 在港澳實施一國兩制
2 以多制一國完成和平統一
3 建構中華自由文化國

國外

1 從跨國的自由貿易區到跨國的自由文化區
2 在聯合國促成建立以一國多制或一區多國的模式解決區域衝突的通盤方案
3 透過聯合國討論並通過自由文化地球國憲法

無論在國內還是國外，最終的目的，便是建立自由文化地球國。

若以一區多國的模式來打開台灣的統獨僵局

根據＜人以類聚的多元文化新世界＞的理論，要解決地球上因意識型態對立而導致難解的國內或區域衝突，在過渡時期，大致可以有兩種方式：（一）一國多制。（二）一區多國。

台灣，可說也是目前地球上眾多因意識型態衝突而陷入長期內耗空轉的地區之一，雖然未達到武裝衝突的地步，島上的政治僵局也始終是紛擾難解。

如果只站在台灣內部的角度而言，為了打開各黨派國家認同的死結，解決統獨的僵局，以一區多國的方式處理，來個國籍自決，自由選擇，形成一個一區多國的台灣島，在理論上，似乎也未嘗不可。但是，台灣的問題畢竟不可能真空地跳出中國與世界的大環境和華人文化的氛圍。

如前所言，為了台灣，為了中國，也為了全人類，我認為，在大一統為主流思維的中國文化環境裡，與大陸共組多制一國，才是打開台灣僵局的最佳方式，且能為先行的中華自由文化國與最終的自由文化地球國鋪路。

當然，不管是一國多制還是一區多國，是否適用於台灣統獨問題的解決，關鍵皆在中國大陸的態度。

或許有人會好奇，一區多國的模式又如何能夠應用在台灣困境的解決呢？

咱們現在不妨就來說說。

　　由於台灣內部爭執的核心點正是國家認同，因此，若用一區多國的方式來解決，可在目前中華民國台澎金馬地區以"個體公民自決"的方式，建立一個三國四地的自由文化區，讓台灣人民在區內自由選擇。方案如下：

　　1　國籍自決

　　原中華民國公民可在下列四者間選擇一個新的國籍身分：（一）台灣共和國國民（完全獨立）。（二）中華民國國民（不統不獨）。（三）中華人民共和國"台灣特別行政區"居民（一國兩制模式統一）。（四）中國"三民主義區"或"民國區"居民（多制一國模式統一）。

　　（說明：關於多制一國的統一模式請看前文＜中國統一的最佳方式：多制一國＞）

　　2　面積劃分

　　四者在台澎金馬地區的實際面積大小由其選擇後的公民總人數來按比例共同協調決定。

3　自由居住

經劃分之後，人民可以自由選擇居住在自己的國家，當然也可以僑居另一國，但僑居他國者沒有僑居國的公民權（因此，如果所選擇國家與現居地不同而不願搬遷者，也可選擇留在原處，須行使選舉權時再回母國投票即可）。當然，以後也可以再自由申請轉換國籍。

4　彼此關係

由四地自行決定彼此關係。比如，經濟上，可以互為自由貿易區，人員可以彼此自由進出及遷居。

5　與中國大陸的關係

台灣在此改變前，可先爭取與中國大陸談妥並簽訂和平協議，內容可包括：

（1）中國在台灣的兩個自治區僅駐警不駐軍。
（2）中華民國與台灣共和國也不讓台灣地區以

外的他國駐軍，並允定期（每十或二十年）舉辦一次公投，由人民決定是否改變與中國大陸的政治關係。

（3）中國大陸尊重上述兩個非自治區的未統一地區的公投結果，並從簽約日起，撤除對台飛彈，放棄武力併台，對兩地區改採睦鄰的和平交往政策，以待未來兩地區人民定期自主公投之結果。

（4）劃分完成後，四地與中國大陸在政治與經濟各方面的連結形式或來往關係，即可自行與中國大陸方面協商決定。

當然，這個方法，對各方而言，皆是有利有弊，以利來說：

對台灣的獨派、統派與維持現狀派支持者而言，便都可以在不必拖別人下水的情況下，各自達成心願。統派從此可以透過大國，走向世界；獨派可以為建立一個心中小而美的國家全力奮戰；維持現狀派則可以繼續一中各表，過一天算一天。

對中共而言：

1 如果其實並不想武統，那就可以不必冒戰爭所帶來的風險，便能立刻和平統一部分的台灣島。然後，在此願意統一的台灣部分地區，好好做給還不願統一的台灣地區人民看，看看與祖國和平統一後究竟有何好處，同時，和平等待未統一地區定期的公投結果，也就是，耐心等待那地區的台灣人民回心轉意。

2 如果終究是要武統，則此方案實行後，武力打擊的目標變得明確，可以不用擔心傷及無辜。

歡喜做，甘願受

當然，如果事前中國大陸方面不願簽和平協議的話，此方案依然可以在台灣內部進行。一旦完成劃分，相信追求獨立正名已久的勇敢的台灣共和國人民和願意與大陸一起完成中華民族之偉大復興的自治區人民，必定皆樂於承擔一切可能的風險與結果，歡喜做，甘願受。

　目前看來，恐怕也只有這樣讓"個體公民自決"，持各種意識形態的台灣人民才有可能互相尊重，全心發展，兄弟登山，各自努力，和平共存，互利多贏，不再互扯後腿，原地踏步，輪流鬱卒四到八年。台灣人民也才真正有機會各遂所願，皆大歡喜。

　不過，就算兩岸民意都認為可以接受此一方案，也要想想，中共中央將如何面對其＜反分裂國家法＞？

　或者，如果台灣的獨派支持者還是覺得"台灣共和國"的名稱風險太高，那麼改為"中華民國台灣國家自治區"，也就是說，在"中華民國"的名稱和體制下高度自治，倒也挺務實（或者就繼續選擇不統不獨的中華民國，或者華獨）。只是，那樣似乎就有點不夠勇敢了。

　還是得說，要解決台灣的統獨問題，在我看來，唯有前述的多制一國方案，才是對台灣、中國和世界都好的上上之策。

　然而，若這個一區多國的方案果真被正式提出，至少可讓每一個台灣的公民在統獨這個命運攸關的大議題上，不再空口說白話，必須嚴肅而冷靜地面對自己的選擇。

台灣各黨能做甚麼？

　為解決自身對於統獨主張所面臨的困境，按照台灣目前（2016）藍綠兩大政營的基本意識型態來看，以國民黨為首的藍營政黨及其支持者比較可能接受一國多制的方式，而以民進黨為首的綠營政黨及其支持者則比較可能願意採取一區多國的模式。

　一區多國模式應用於台灣的具體做法已如上述，一國多制模式也於前面＜中國統一的最佳方式＞一文中闡明。藍營支持者甚至可以考慮採取一種以憲政體制內之手段來突破政治僵局的戰略，也就是，公投。附錄裡便有一個公投題目可供參考。

至於若要給當前的國民黨更詳細的做法建議，請參考附錄＜中國國民黨彩盟的主張（2016）＞。

綠營如果在撞得頭破血流之後，仍然無法如願，則不妨回頭瞧瞧我們多制一國的務實主張。

其實，台灣雖小，可不必自卑，如果懂得善用自身的長處與歷史的機運，以中國大陸做為＂支點＂，一樣可以撐起全世界。

我在小小的台灣，不也寫出了這樣的書嗎？

不被恥笑的夢想不叫夢想

有句話是這麼說的：
不被恥笑的夢想不叫夢想。

從＜人以類聚的多元文化新世界＞的抽象理論，到人類政經新制度的構想與運作方式，最後則是給美國人和我的兩岸華人同胞們的具體建議，我做的這個舖天蓋地、洋洋灑灑的李白大夢應該足夠讓不少人捧腹大笑個半天吧。

　然而，這樣的自由文化國（Republic of Free Culture）、自由文化區（Free Culture Area）、熱情導向型的經濟（Passion-based Economy）與自由文化地球國（Global Republic of Free Culture）究竟有沒有可能出現呢？

　在這本書寫成之後，歡迎總會家事、國事、天下事、人生事事事關心的人們每當遍尋不著亂世的解決之道時，不妨回頭思索一下此書所言。

　至於百年之後的世界？

　我們，嗯，應該是我們的子孫們，就拭目以待吧！

附錄

彩盟宣言

放眼人類世界，衝突不斷，冤冤相報的結果，仇恨不會絕滅，反會繼承。

解決宗教、文明與各種意識型態衝突的問題，若以力服人，只能治標，無法治本。

現行的世界體系壓抑了各國國界之內的個人與少數群體追求其自認之幸福生活的自由與選擇權，因而，不可能達到真正的民主自由與人人平等。

每個人的基因不同，這世界不會有甚麼政治經濟社會制度是可以讓所有人都滿意的。每一個被部分人類認為好的制度，都有它邏輯上的（天生的）必然的惡（necessary evil）。所以，最好的制度就是讓各種制度通通並存，並且，賦予世上每一個人選擇權，准許每一個人可以按照自己的基因，自由選擇最適合自己的地方（制度）過活。

　我們認為人類各種文化價值觀及由其所產生的不同政經社會制度有如光譜中的各種顏色，都有其存在的意義，應該萬彩紛呈。而且，這個世界應該統一，以建立一種規則，讓它們得以和平共存，讓世人可以自由選擇。我們把這樣的理想世界稱為"自由文化地球國"（Global Republic of Free Culture）。其詳細的理念論述與具體的推動做法請看《自由文化地球國》一書。

　彩盟的成立便是為了實現自由文化地球國的理想。

　由於自由文化地球國的最終理想是要建立一個全球的、相互尊重與和平共存的遊戲規則，因此，只要支持此一理念，持任何價值觀與政治立場的地球人都可以成為彩盟的成員。

　依各地實際情況，彩盟可能發展成為社運團體、黨內派系、獨立政黨或跨黨聯盟，當然，希望最終能成立跨國聯盟，進而合力促成將聯合國轉型為自由文化地球國的世界政府。

Think globally, act locally. 全球思維，在地行動。

身為華人，我們就從一個可以讓多元文化與體制並存共榮的中國開始吧！

如果你認同我們的理想，歡迎加入！

如果你是政黨黨員，也歡迎你在自己的政黨內成立彩盟！

彩盟之歌

（系列歌曲 1）

Ocassional Parties of Stars

How many personalities on the earth
Born with transcendental form at their birth?
How many doctrines popular on the lands
Surviving the history by invisible hands?

How much peace by their ringing bells
Breaking through the dark between heaven and hell?
How many unique and silent ones like you
Living in such a world of rainbow hues?

But occasional parties of stars
Shining in the ages close or far
But occasional parties of stars
Shining in the ages close or far

星辰的合聚

城裡有多少個性
這球面有多少心情
河水有多少歷史
這陸上有多少主義

鐘聲有多少陣和平
能穿越黑夜到天明
這繽紛的世界啊
還有多少個默默的你

豈是遙遠的年代
一種星辰的合聚
豈是遙遠的年代
一種星辰的合聚

— 詞／來自《曾國民的詩與歌》*Poems and Lyrics by Gordon Tseng* 曲／大國小雪

如果大陸正名回中華民國

要大陸正名回中華民國？乍聽之下有點搞笑，但深思之後便知，它可是兩岸（互相）和平統一的一個絕招，不但有效，而且是立竿見影之效，甚至，可能是除了武力統一之外，最簡單可行的兩岸統一方式。如此，別說會讓台灣比較願意統一，而就算不願意，也會自然統一。

如果大陸正名回中華民國，對台灣來說，至少賺到面子，對大陸來說，至少賺到裡子：真的一國兩制了，一個中華民國，兩種制度，社會主義的中華民國（大陸）與資本主義的中華民國（台港澳）。從此，再也不會有兩個中國，或一中一台的困擾。

如果大陸正名回中華民國，就算拿面子問題

來說吧，既然中國共產黨本來就自認是革命的正統，為何 1949 年時要改國號，給"叛軍"有護衛法統的理由？改掉中華民國國號其實是中共在歷史上犯的戰略錯誤，讓逃到海角一隅的蔣派國民黨有了捍衛中華民國正統的正當性（連毛澤東後來都有些後悔）。如果當年中共沒有改國號，台灣的中華民國還能繼續存在嗎？這個歷史的戰略錯誤，竟演變成了兩個中國與台灣獨立的始作俑者，不是嗎？現在，中共不過是把這歷史的戰略錯誤給補正回來罷了。當然，毛澤東當時又哪知一路勢如破竹的人民解放軍竟會在小小的金門島古寧頭沙灘上戰敗，以及，一年後便發生了韓戰（有如國民黨版的西安事變），讓奄奄一息的蔣派國民黨得以從此偏安海角。

所以，就面子問題而言，再改名似乎失了點面子，但就回歸歷史、為自己重新正名的角度來看，不但沒失甚麼面子，反而是拾回自認本該有的正統的面子。

如果大陸正名回中華民國，從政策來說，符

合中共政策。改名後，中華民國實行一國兩制，包括大陸的”社會主義的中華民國”和台港澳的”資本主義的中華民國”。中華民國台灣特別行政區（最好是稱中華民國三民主義區）的”總統”、五院等等目前的頭銜稱號可以通通不必改變，因為是”特別”行政區（三民主義區）。

如果大陸正名回中華民國，從效果來說，第一，改名後，等於全世界都只承認一個中華民國，不過少數國家打交道的對象是中華民國三民主義區的政府。兩岸的中國人拿著相同國名的身分證和護照，還會有兩個國家或兩個中國的錯覺嗎？人員彼此往來，還能叫”出國”嗎？

第二，大陸正名回中華民國後，台灣方面不可能再改名台灣共和國，國民黨不會自打嘴巴，如果民進黨執政敢再改國號，從整個中華民國獨立出去，不要說台灣多數人可能不會很同意，而且，不就讓大陸可以大義凜然地師出有名了嗎？而現在，民進黨若要搞獨立，則只不過是設法將掛在台灣這塊已經被他們攻擊到要死不活的中華民國招牌給重漆個名字罷了，想對來說，比較容易。

如果大陸正名回中華民國，從氣度來說，正顯出中共泱泱大黨、大陸中國泱泱大國的氣度，因為，在實力如此懸殊的情況下，我連名字都願意用你的，這樣大的讓步，會不令多數台灣人無言以對嗎？如果大陸真的做到這麼大的讓步，台灣還拒絕，那全世界的華人自然會認為，你台灣真的是敬酒不吃了，最終吃了罰酒，又有何話可說？

如果大陸正名回中華民國，從權衡利弊得失來說，談判不就是你讓一點，我讓一點嗎？台灣有了面子，等於有了下台階，而大陸只用一點面子就能換到全部的裡子，真的不划算嗎？如果既要裡子，也要面子，那恐怕就只有靠槍桿子，而且，必須一戰成功，否則，裡子面子通通保不住。

如果大陸正名回中華民國，從接受度來說，

中華民國本來就不是台灣的，而是兩岸都尊敬的孫中山創立的，也曾是中國共產黨人拋頭顱、灑熱血，一起奮鬥過的，不少大陸人民對之也還是有點感情而並非完全不能接受的外來的新國名。只要中共中央有一套完整的說法，相信大陸的中國人是可以接受的。

至於台灣這邊，綠營支持者當然還是不會樂見，但一旦兩岸的中華民國再度合流，他們便無法再嘲弄說是台灣人收留了中華民國，或是老譏諷藍營〞人家大陸那邊甚麼時候尊重過你中華民國？〞再說，即使是綠營的草根支持者，也留著華人文化的血液，都很愛面子啦。中國大陸這麼大的國家，連國號都跟你用，給你的面子還不夠大嗎？民進黨在台灣人面前，還能說啥？至於始終認同中華民國這個招牌的藍營支持者自然會大為振奮，從而對共產黨刮目相看。大陸如果將國號正名回中華民國，最害怕的人該是打算長期以中華民國這個國號獨台的國民黨政客和以嘲弄〞還在那夢遊大中國的中華民國〞為選舉資本的民進黨人，其懼怕的程度可能還甚過大陸的導彈。因為他們認為，打仗，美國會幫忙（現在還可能覺得多了個日本），可是大陸正名回中華民國這一招，他們會毫無招架之力。

一旦大陸宣布願意統一在"中華民國"的國號下，台灣支持統一的人會從目前的不到十分之一（因為總覺得是被"中華人民共和國"統一），馬上上升到超過二分之一。不信？不妨在台灣做個民調：兩岸如果在"中華民國"的國號下統一，你願不願意？於是，在強大的民意壓力下，台灣方面能不上談判桌嗎？（怎麼談？不妨參考本書＜中國統一的最佳方式＞一文）

黑貓白貓，能抓耗子的就是好貓。為了中國的富強，一向能屈能伸的中國共產黨連走資都可以了，何不趁著台灣現在還有大多數人依然認同中華民國的時候，使出這利人利己的絕招呢？

如果大陸正名回中華民國，等於把兩岸問題又拉回到中華民國國共內戰所遺留的歷史問題。從歷史定位來說，未來歷史將這樣寫著：

中國共產黨在發展形勢一片大好之際，為解決國共內戰所造成的長期分裂，為了炎黃子孫共同的幸福，大度謙讓，主動更回國號，順利完成了中國統一的偉業。

只是改個名（或說為自己正名），便能不費一兵一彈，完成統一中國的大業，何樂不為呢？

是要看著台灣人心越走越遠，直到有一天不得不大動干戈、玉石俱焚？還是不妨就轉個念，讓中國立馬和平統一？就看大國的領導們了。

不過，會不會有人說，我這樣把台灣的”國防罩門”或”國安機密”給公開洩漏了，必被扣上”賣台”的大帽子呢？嗯，有沒搞錯？如果老共被我說服了，那我可是將一直走不出台灣的”中華民國”成功賣到全世界了耶，而且，還幫中華民國重新買回了整個大陸！

風中殘燭的中國國民黨能怎麼做？

-KMT 彩盟的主張

KMT 彩盟對中國國民黨改革與再轉型的主張

恢復黨魂：

要恢復中國國民黨創黨、建國、以進大同的原始精神，要喚回總理"大道之行，天下為公"的黨魂，莫再有體無魂。要大開大闔，引領時代前進，莫再自己跳入別人設下的局，導致畫地自限，父子騎驢。

再興思想：

二十一世紀新三民主義思想：（可參考）民族 一

人類主義的中國夢。民權 －從群體民主到個體民主。民生 －各種經濟制度並存，互利共榮。

重看黨史：

(1) 容共時期 －孫中山總理，大中國，藍皮彩骨。
(2) 反共時期 －兩蔣時期，大中國，藍皮藍骨。
(3) 恐共時期 －李登輝至今，小台灣，藍皮綠骨。
(4) 聯共時期 －未來，大中國，大世界，藍皮彩骨。（與中國共產黨和平共榮，聯合復興中華，造福人類世界）

表述兩岸：

(1) 兩岸同表：一個中國，但目前分為社會主義區、三民主義區及港澳資本主義區。
(2) 未來目標：待時機成熟時，兩岸雙方談判協商，共組包含港澳區之多制一國的中國，統一憲法。
(3) 目前論述：我方認為，大陸地區為中華民國的社會主義實驗區，港澳地區為中華民國的港澳資本主義區，在未談判統一前，中華民國憲法賦予上述兩區完全的自治權。亦即，中華民國政府在台灣，台灣是中華民國的三民主義區。（對岸目前的論述則可為：台灣地區為中華人民共和國的三民主義區，在未談判統一前，賦予完全的自治權。）

確立價值：

中國國民黨如今存在的價值就是維繫中國多元與自省的聲音，提供不同於社會主義區的政經體制選項，並促成建構出一個統一、並存共榮、截長補短且運作良好的多制中國。

黨章定位：

中國國民黨原本就是一個創建中華民國的全中國的政黨，現行黨章及政綱若有與此自相矛盾者，應予修正。

釐清路線：

中國國民黨為目前中央黨部設於台灣的一個全中國的政黨，因而，黨內同志在路線上容或有所分岐，若將台灣的統獨意識形態區分為：

(1)　　理想台獨派－台灣是個主權獨立的國家，她的名字應該叫台灣共和國。

(2)　　務實台獨派－台灣是個主權獨立的國家，她的名字叫作中華民國。

(3)　　華獨派－中華民國是個主權獨立的國家，她的主權與治權都僅及台灣。（類務實台獨派）

(4)　　不統不獨派－中華民國是個主權獨立的國家，她的主權包含大陸，治權僅及台灣，希望維持不統不獨的現狀下去。

(5)　　中華民國統一派－兩岸同屬一個中華民國，希望三民主義統一中國。

(6)　　對等統一派－兩岸同屬一個中國（國號可協商），希望共同找出一個最好的、彼此都能接受的統一方式。

(7)　　中華人民共和國統一派－兩岸同屬一個中華人民共和國，統一的方式就是一國兩制。

我們主張本黨應該從以往的”不統不獨”轉為”對等統一”，因其既比較務實（兩岸都可以接受），又符合本黨創黨精神及兩岸人民利益。統一模式則為”多制一國”。

多區擴張：（囿於法律，此點有待再議）

　　中國國民黨可考慮允許目前中華民國社會主義區及港澳資本主義區認同本黨理念但囿於法律而無法取得中華民國國民身分證之非國民的中華民國"國人"入黨。由於目前法律規定，政黨成員必須是國民，因此這些黨員可暫稱為"國人"黨員，以示區別。本黨支持這些"國人"黨員在自己的地區參政，以實現復興中華的共同目標。至於中華民國三民主義區的其他政黨是否要將自己設定為單區政黨，那是他們自己的事。已經建黨百年的中國國民黨必須清楚地堅守本身的定位與核心價值，並凸顯政治主張在三民主義區選舉市場上的產品區隔，以更能鼓舞全球華人的新時代論述，積極地爭取多數國人同胞的認同。一旦改革與再轉型完成後，本黨應號召三民主義區七十萬失聯黨員回復黨籍，與其他地區的"國人"黨員共同奮鬥。

　　（如果因為目前的黨員結構而致無法達成黨章之修改以增設非國民的"國人"黨員，本盟將自行增設"國人"盟員"，為擴大本黨在華人地區的影響力而努力。）

本盟目標：

找回創黨的華夏熱情，重建黨的思想論述，本盟願成為中國國民黨中興重振的骨幹，為本黨開拓出嶄新的格局與氣象，將擴大爭取黨內外志同道合者成為盟員或盟友，並推派盟員或支持理念相近之同志參與黨內各種選舉，以民主方式實現本盟主張。

本盟期許：

這是一個理念性很強的社團，希望能喚回中國國民黨創黨時的熱情與理想。基於彩盟的理論，本盟的遠大抱負甚至超越了一百年前的中國國民黨。我們堅信以這樣宏觀的思想與論述才能重新定位中國國民黨這個百年老黨。至少在思想論述的格局上，可以與中國共產黨平等對話，可以獲得超越黨派的全球華人的認同，甚至可以令西方的強大民族反思。如此，自然能讓龍困淺灘又自綁手腳、因而只得被困在島內挨打的中國國民黨走出目前的困境。

說明：

　《自由文化地球國》是彩盟的整個論述的思想基礎，就像任何的主義學說一樣，必須有一種比較深沉而全面的哲學思想做為基礎，由此演繹出對人類現實問題的具體解決方法，才能跨越國界地說服人類中較為理性的知識分子，而有著一種一開始看來近似烏托邦的理想，才會吸引熱情的青年和對現狀絕望的普羅大眾。

　所謂求其十者得其五六。任何近乎烏托邦的理論或理想，真正落實到現實世界時，大概能做到其原始理想標準的五六成，就很不錯了。看看共產主義、三民主義，甚至大家引以為傲的西方民主政治理想的實際落實情況便知。然而，這樣並不會就否定了這些理論或理想本身的意義與價值。

　彩盟旨在宣揚《自由文化地球國》的理論，而中國國民黨彩盟則是要以此理論結合三民主義，重新建構中國國民黨的新時代論述。當然，不一定會結合、重建成功。如果最後未能成功，並不會影響《自由文化地球國》理論本身的獨立性與理想性。

公投促談參考題目

公投題目：

為了避免戰爭，且永久和平地解決統獨問題，使台灣以及整個中華民族都不再繼續內鬥，人民有更多元的價值觀與生活方式的選擇，並率先帶領世界走向一個讓各種政經社會體制可以和平共處、相互提攜的全新境界，你是否同意政府應該對等務實地就如何一同建構一個多體制的新中國與中共政府進行談判？

小說筆下的自由文化地球國

以下節錄自作者的小說＜101 密碼＞

…我打開手中還拿著的剛才那張報紙，想多瞭解一下這個莫名其妙的世界。報上頭版頭條新聞的標題是：

今年世界各文化區變動大
新增 103　撤除 75　另有 381 個擴大　512 個縮減　餘維現狀

「來！」BB 拉著我到台北中華區政府的公佈欄。
「台北中華文化區價值模型簡表？」
「這個就是本區的價值模型簡表。」BB 說。
旁邊，我看到一幅《最新世界地圖》，地圖上的世界各地被劃分成了大大小小、各式各樣的文化區，有什麼"牛仔文化區"、"紐約文化區"、"西藏文化區"、"伊斯蘭什葉文化區"、"莊子逍遙文化區"、"涅盤文化區"、"摩門文化區"、"戰爭鬥狠文化區"、"同志文化區"、"多夫多妻文化區"、"苦行文化區"、"懶人文化區"…玲琅滿目，五花八門，什麼怪名稱，應有盡有。地圖的最下方有一排怪英文，其下則寫著中文：

道並行而不相悖，萬物並育而不相害。

「怎麼美國、法國、日本、中國…都沒了？」我掃瞄著地圖。
「"國家"早已經成為歷史名詞。」
我又看見地圖的右下角寫著：

2063 年 1 月 1 日　世界各洲文化區總數：3054

公佈欄上還張貼了一份公告，公告上寫著：

凡區民有意成立新文化自治區者，請備妥連署書（至少一萬人連署）、應備資料及申請表，親洽區政府轉世界政府辦理。

「所以，只要有一萬人登記，任何人都可以申請成立文化自治區？」我問。

「嗯！然後便可以照他們的想法，過他們自己想要的生活。」

「那土地呢？文化區的土地怎麼來？」

「世界政府每年會根據每一個文化區當年有多少人住，來決定它的土地大小。」

「這麼說來，世界上有多少文化區，還有，每一個文化區有多大，每年都不一定？」

「嗯！」

我又看了一下那張報紙頭版的標題。然後，再翻到報紙的另一頁——「區際新聞」。它的頭條標題是：

　　紐約與伊斯蘭什葉文化區今共同紀念 911 六十二周年　兩區去年相互移居人口達三百二十萬　創歷史新高

「相互移居？移民到別的文化區需要簽證嗎？」

「簽證？簽證是什麼？搬家還要申請嗎？」BB 似乎對我的問題很疑惑。

「你是說，你們可以自由前往或搬去世界上任何一個文化區？」

「是啊！我爸說，我三歲前，我們家還在非洲的部落共產文化區呢！」

「部落共產文化區？」我笑笑。「聽起來挺落後的！」

「落後？」BB 皺起眉頭。「那個文化區這幾年越來越多人住，在價值模型的消費市場上越來越受歡迎呢！怎麼說落後？」

「喔？」我看了看那地圖上的非洲和美洲。「那像美利堅那樣進步的文化區不是太多人會搬去住了嗎？」

「也不見得，因為一旦去的人多了，她的居住條件就不再像以前那樣舒適了。況且，你們對於"進步"的那種定義早就很落伍了！」

「喔？是嗎？・・・那你們認為什麼叫"進步"？」

「越尊重"先天形式"的地方就越進步！」

「喔？尊重"先天形式"？」

我繼續瀏覽著那張地圖。「所以，愛去哪兒，就去哪兒？」

「除了去另一個時空。」BB 補充。

「嗯・・・物以類聚。」我認真思索著。「想法接近的人自由聚集在同一個文化區裡，這樣可以避免掉意識型態的衝突，‧‧‧有理！」我看著世界地圖再問：「那你們的文化區和文化區之間會不會打仗呢？」

「打仗？美洲有一個"布希文化區"，是由一些很喜歡打仗或打架的人成立的，還有，我忘了是哪一洲，有什麼"戰爭鬥狠文化區"、"叢林文化區"，那些區裡的人酷愛暴力，成天相互打鬥，不是 game，是真的打鬥喔！對了！還有一個叫"達爾文文化區"，區裡的人好喜歡競爭，好喜歡比贏別人，他們每天都在擔心自己的競爭力會不如人，經常會對他們三歲甚至還懷在肚子裡的孩子說，"絕對不能輸在起跑點上！"」

「喔？」我心想，哈，一定有很多台灣人住在這個"達爾文文化區"。

看著那張新鮮的世界地圖，我繼續思索著，既然文化區的大小由每年它受人們歡迎的程度來決定，還有什麼好打的？國界都沒了，哪還需要什麼國防呢？嗯，我越想，越對這個新世界感到興趣…

－ 摘自作者《從存在到世界：101 密碼》

↘ 獵海人

自由文化地球國

作　　者	曾國民
圖文排版	林碧英
封面設計	曾雪瀾
出版策劃	獵海人
製作發行	獵海人
	114 台北市內湖區瑞光路 76 巷 69 號 2 樓
	電話：+886-2 2518-0207
	傳真：+886-2-2518-0778
	服務信箱：s.seahunter@gmail.com
展售門市	**國家書店【松江門市】**
	10485 台北市中山區松江路 209 號 1 樓
	電話：+886-2-2518-0207
	三民書局【復北門市】
	10476 台北市復興北路 386 號
	電話：+886-2-2500-6600
	三民書局【重南門市】
	10045 台北市重慶南路一段 61 號
	電話：+886-2-2361-7511
網路訂購	博客來網路書店：http://www.books.com.tw
	三民網路書店：http://www.m.sanmin.com.tw
	金石堂網路書店：http://www.kingstone.com.tw
	學思行網路書店：http://www.taaze.tw
法律顧問	毛國樑　律師

───────────────────────

出版日期：2016 年 05 月
定　　價：250 元

國家圖書館出版品預行編目

自由文化地球國 / 曾國民著. -- 臺北市：獵海人，
　2016.05
　　面；　公分
　參考書目：面
　ISBN 978-986-93145-3-4(平裝)

　1.烏托邦主義　2.文集

549.807　　　　　　　　　　　105008193